Jens Holger Lorenz
Lernschwache Rechner fördern

Lehrer-Bücherei: Grundschule

Herausgegeben von
Horst Bartnitzky und Reinhold Christiani

Jens Holger Lorenz

Lernschwache Rechner fördern

●

Ursachen
der Rechenschwäche

●

Frühhinweise
auf Rechenschwäche

●

Diagnostisches Vorgehen

 http://www.cornelsen.de

Gedruckt auf chlorfrei gebleichtem Papier
ohne Dioxinbelastung der Gewässer

Bibliografische Information
Die Deutsche Bibliothek verzeichnet diese Publikation in der Deutschen
Nationalbibliografie; detaillierte bibliografische Daten sind im Internet über
http://dnb.ddb.de abrufbar.

Dieses Werk berücksichtigt die Regeln der reformierten
Rechtschreibung und Zeichensetzung.

5.	4.	3.	2.	1.	Die letzten Ziffern bezeichnen
07	06	05	04	03	Zahl und Jahr der Auflage.

Redaktion: Daniela Brunner, Düsseldorf
Umschlagfoto: Peter Wirtz, Dormagen
Gesamtherstellung und Layout: FROMM MediaDesign GmbH, Selters/Ts.
Druck und Bindung: Clausen & Bosse, Leck
Printed in Germany
ISBN 3-589-05072-1
Bestellnummer 50721

Inhalt

Vorwort

Immer mehr Schülerinnen und Schüler, so scheint es, zeigen im Mathematikunterricht Leistungen, die zur Besorgnis Anlass geben. Nicht nur die Kinder leiden unter dieser so genannten „Rechenschwäche", auch die Eltern sind zutiefst besorgt und die Lehrerinnen und Lehrer meist hilflos. Die Fehler erscheinen auf den ersten Blick unerklärlich. Sie zeugen, so meint man, von fundamentalen Lücken und breitem Unverständnis. Was führt die Kinder zu ihren Fehllösungen? Was läuft in ihren Köpfen falsch und lässt sie so wenig Beziehung zu Zahlen und Rechenoperationen erwerben? Sind es Verdrehungen des Gehirns oder schlechter Unterricht? Übt das Lernumfeld einen negativen Einfluss aus? Machen sich verspätet Entwicklungsverzögerungen bemerkbar?

Da Mathematik ein Schullaufbahn entscheidendes Fach ist, können schon früh Weichen in eine Richtung gestellt werden, die den Fähigkeiten der Schülerinnen und Schüler möglicherweise nicht gerecht wird. Denn die Diagnose „Rechenschwäche" ist geeignet, günstige biographische Wege zu beschneiden sowie berufliche und private Entwicklungsmöglichkeiten zu verhindern.

Aus diesem Grund existiert bereits eine Fülle von Literatur zu dem Thema Rechenschwäche, die in dem vorliegenden Band nicht sämtlich wiederholt zu werden braucht. Vielmehr soll ausgehend von Fallbeispielen die Komplexität des Problems verdeutlicht werden. Kinder, ihr Umfeld und ihr Unterricht werden geschildert und daran anknüpfend werden die theoretischen Modelle und ihre praktische Umsetzung dargelegt. Aus diesem Grund werden innerhalb der Fallbeschreibungen Passagen, die eher theoretisch ausgerichtet sind, eingerückt gedruckt, um sie von den (durchaus auch subjektiven) Beobachtungen abzugrenzen. Allerdings ist diese Trennlinie nie sauber zu ziehen.

Bei diesem Band handelt es sich also nicht um ein Lehrwerk im klassischen Sinne, das kapitelweise Einzelaspekte abhandelt, sondern er versucht, die Denkprozesse der Lehrpersonen zu verändern, die beim Wahrnehmen von Fehlern, ihrer Häufung und ihrer Verfestigung ablaufen, beim Einschätzen des Kindes in vielen Facetten seiner Persönlichkeit und seines Umfeldes und den darauf abgestimmten Fördermaßnahmen. Der Band ist kein Kompendium von Hilfen, keine Auflistung erprobter Materialien. Vielmehr wird der Informationsfluss im Vordergrund stehen, die frühen Hinweise auf eine Rechenschwäche, auf Signale, die wahrgenommen und interpretiert werden wollen und auf die mit vorbeugenden Maßnahmen und mit Förderung reagiert werden kann. Es sind eher Wahrnehmungs- und Handlungs*prinzipien*, die hier vorgeschlagen werden, weil eine standardisierte Umgehensweise für Kinder mit Rechenschwäche nicht existiert. Die Kinder unterscheiden sich gravierend in ihren individuellen Besonderheiten, so dass sie einer jeweils angepassten Förderung bedürfen. Für leicht handhabbare Diagnosebögen, direkte Fördermaßnahmen und Aufgabenpakete sei auf die gängige Literatur verwiesen (v. a. LORENZ/RADATZ 1993; MILZ 1994; GANSER 1995). Besser als jede Therapie der Rechenschwäche ist die Prophylaxe, die Verhinderung ihres Auftretens durch guten Unterricht. In diese Richtung versucht der vorliegende Band zu wirken.

An dieser Stelle möchte ich den Studierenden danken, die in der „Beratungsstelle für Kinder mit Rechenschwierigkeiten" an der Pädagogischen Hochschule Ludwigsburg die Schüler intensiv und mit hohem Einsatz gefördert und die Fälle detailliert mitgeschrieben haben. Ihre Aufzeichnungen und die Diskussionen mit ihnen sind die Basis für den vorliegenden Band.

Eine Anmerkung zur Verwendung des Genus: Zur leichteren Lesbarkeit hat es sich als hilfreich erwiesen, meist „vom Schüler" und „von der Lehrerin" zu sprechen, ohne damit natürlich Schülerinnen oder Grundschullehrer ausschließen zu wollen.

Der Band wendet sich an Grundschullehrerinnen sowie Lehramtskandidatinnen mit dem Fach Mathematik, die versuchen wollen, auch denjenigen Schülern, die, zu Recht oder zu Unrecht, als rechenschwach eingestuft werden, die lebhafte und faszinierende Beziehung zu Zahlen zu ermöglichen.

Rechenstörungen und wie man sie erkennt

1.1 Monika – ein Kind wie viele andere

Monika ist 7; 10 Jahre alt und besucht die zweite Grundschulklasse. Sie wurde in Polen geboren, lebt aber seit mehreren Jahren in Deutschland und hat vor dem Besuch der Grundschule ein Jahr lang den Kindergarten besucht. Sie wohnt mit ihren Eltern und den beiden 12 und 15 Jahre alten Schwestern zusammen. Monika wirkt sehr schüchtern, erscheint dünn und zerbrechlich.

An Monika fällt auf, dass sie auch in der zweiten Klasse immer noch versucht, die arithmetischen Aufgaben zählend zu lösen. Dadurch ist sie aber nicht in der Lage, den Zahlenraum bis 100 mit seiner dekadischen Struktur hinreichend aufzubauen. Sie zählt nicht in Zehnerschritten, sondern löst selbst Aufgaben wie 31 + 10 immer zählend. Allerdings zeigt sich bei einer Überprüfung, dass Monika selbst im Zählen nicht sicher ist. Sie hat Schwierigkeiten, von einer vorgegebenen Zahl weiter zu zählen, wenn hierbei ein bestimmter Zahlenraum überschritten wird. Es gelingt ihr zwar, ohne Fehler von der 23 bis zu 35 zu zählen, von der 54 zählt sie aber fehlerhaft weiter: 54, 55, 45, 46. Die Vermutung liegt nahe, dass Monika sowohl die Zahlen invertiert, d. h. die Ziffern einer zweistelligen Zahl umstellt, als auch die Zählrichtung wechselt und so von der 55 wieder rückwärts statt vorwärts gegangen ist. Hierbei hat sie dann die 54 zur 45 geklappt.

Solche Umkehrungen der Zahlrichtung und der Ziffernfolge sind bei Kindern mit einer Rechts-Links-Diskriminationsstörung häufig zu beobachten, weshalb auch dies bei Monika vermutet werden kann.

Darüber hinaus stellt die Lehrerin weitere Fehler im Zahlenraum bis 100 fest. So rechnet Monika 52 + 6 = 66. Sie kann aber anschließend nicht erklären, wie sie zu diesem Ergebnis gelangt ist.

Nun ist dies nichts Besonderes, denn Kinder mit Lernschwierigkeiten können häufig nach Beendigung einer Rechnung ihren eigenen Lösungsweg nicht erklären. Insbesondere zählende Rechner unterliegen einer Gedächtnisüberlastung durch das sehr aufwändige Verfahren. So kommt es häufig vor, dass die Kinder zwar auf eine richtige Lösung kommen, aber hinterher nicht mehr wissen, wie die Aufgabe eigentlich hieß. Bei Monikas Lösung der Aufgabe 52 + 6 = 66 liegt die Vermutung nahe, dass sie wiederum Zahlen vertauscht hat und versuchte, die Aufgabe 62 + 5 zählend zu lösen. Hierbei tritt der typische Verzählfehler um plus/minus 1 auf: Monika zählt innerlich „62, 63, 64, 65, 66". Eine andere Hypothese drängte sich der Lehrerin auf: Da Monika häufig im Unterricht mit dem Rechenrahmen arbeitet, könnte sie sich vorgestellt haben, die 52 mit den Perlen darzustellen und in die nächste Zeile die 6 zu schieben. Dann hätte sie tatsächlich 66 dargestellt (wobei eine Zeile nicht ganz besetzt ist). Diese Vermutung widerspricht zwar Monikas sonstiger kognitiver Struktur und ihren verwendeten Rechenstrategien, sollte aber weiter berücksichtigt werden.

Monika rechnet 41 + 8 = 58.
Ein solcher Fehler ist häufig bei Kindern zu beobachten, deren Einsicht in die Dezimalstruktur unseres Zahlensystems nicht hinreichend entwickelt ist. So könnte Monika 4 + 1 = 5 gerechnet und die 8, die bislang übrig bleibt, hinten angehängt haben. Ein solcher vermeintlich willkürlicher Umgang mit den Stellenwerten ist häufig bei jenen Kindern anzutreffen, die über eine unzureichende Zahlenraumvorstellung verfügen und die Größe von Zahlen und die Beziehungen zwischen ihnen nicht abschätzen können. Bei diesen Kindern verkümmert Rechnen zu unverstehbaren Ziffernmanipulationen.

Diese Vermutung wird auch gestärkt durch weitere Fehler von Monika: 23 + 47 = 34. Hierfür gibt Monika an, 23 + 7 = 30 gerechnet zu haben und anschließend 30 + 4 = 34 als Lösung gewonnen zu haben. Ihre eigene Ausführung erhärtet die Vermutung, sehr eigenwillige (Fehler-) Strategien und einen freien Umgang mit den Stellenwerten zu besitzen.

Zusammenfassend lässt sich über die Lösungsstrategien von Monika vermuten, dass sie bei der Addition zweistelliger Zahlen mit einstelligen Zahlen zählend vorgeht, wodurch Analogieschlüsse kaum gewonnen werden können. Prinzipiell fällt es zählenden Rechnern schwer, Strukturen zu erkennen, da für sie jede Aufgabe neu abzählend gelöst wird. Häufig lässt sich beobachten, dass Kinder die Aufgabe 4 + 3 zählend lösen (5, 6, 7), aber auch bei der nächsten Aufgabe, 14 + 3, erneut zählend vorgehen (15, 16, 17).

Dies bedeutet allerdings nicht, dass Monika nicht für bestimmte Aufgaben schon elaboriertere Strategien entwickelt hat, auch wenn diese nicht immer optimal sind. So rechnet sie die Aufgabe 46 – 20 als 46 – 6 – 4 – 10 = 36, was abgesehen von dem fehlenden Zehnerschritt ihrer handelnden Lösung an dem Rechenrahmen entspricht. Auch bei anderen Aufgaben vergisst sie häufig einen Rechenschritt: 63 – 20 rechnet sie als 63 – 3 – 10 = 50. Sie schwankt also zwischen (fehlerhaften) an vorhandene Zahlensätze angelehnten Rechenstrategien und dem zählenden Rechnen hin und her. Kurze Zeit nach der eben gestellten Aufgabe rechnet Monika wieder zählend 100 – 3 = 80 als „100, 90, 80". Aufgrund der von ihr häufig praktizierten Zifferninvertierung kommt es zu Fehllösungen wie 73 – 7 = 30. Nicht nur das leichtere Vorwärtszählen bereitet Monika Schwierigkeiten, weil sie die Richtung ändert und Zahlendreher vornimmt, das Rückwärtszählen ist ja noch schwieriger und gelingt ihr aus diesem Grunde nicht fehlerfrei. So zählt sie beispielsweise von der 83 rückwärts „83, 80, 77", was von ihr nicht als Dreier-Sprung beabsichtigt war.

In Zehnerschritten kann Monika vorwärts zählen, allerdings nur, wenn es sich um glatte Zehnerzahlen handelt: „10, 20, 30, …", hingegen kann sie nicht bei anderen Zahlen starten. Aufgefordert, von der 17 ab in Zehnerschritten zu zählen, antwortet sie „17, 16, 15".

Auch bei der Bestimmung des Vorgängers oder Nachfolgers einer Zahl zeigt Monika typische Orientierungsfehler. Für sie ist der Nachfolger von 59 die 57, der Vorgänger von 45 ist 54. Bei glatten Zehnerzahlen werden von ihr ebenfalls glatte Zehner als Vorgänger und Nachfolger benannt. So ist der Vorgänger von der 70 die 60, der Nachfolger von 30 ist 40. Zifferninvertierungen zeigt Monika hingegen nicht, wenn ihr Zahlen diktiert werden, diese schreibt sie richtig auf. Allerdings verbindet sie damit keineswegs Vorstellungen von Zahlbeziehungen und kann Zahlen auf dem Zahlenstrahl nicht verorten.

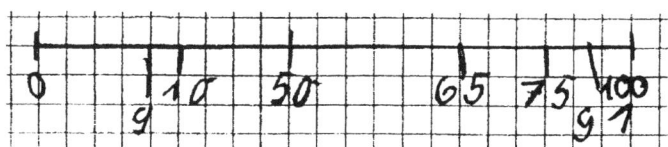

Zwar kann Monika die Reihenfolge der Zahlen beachten, die Größenbeziehungen stimmen auf dem Zahlenstrahl allerdings nicht. Ähnliche Probleme zeigen sich auch bei geometrischen Anforderungen, wo Monika nicht in der Lage ist, eine Strecke zu halbieren oder zu verdoppeln.

Wo ist die Mitte des Striches?

Verlängere den Strich, so dass er doppelt so lang ist.

Wagen wir eine kleine, vorläufige Zusammenfassung von Monikas Problemen und unseren Vermutungen:

Monika fällt es sehr schwer, ohne Hilfsmittel zu rechnen und hierzu verwendet sie meistens die Finger, seltener den Rechenrahmen, der ihr im Unterricht und zu Hause als Veranschaulichungsmittel angeboten wird.

Bei Additions- und Subtraktionsaufgaben mit einstelligen Zahlen versucht Monika vorwärts bzw. rückwärts zu zählen, wobei häufig Orientierungsfehler auftreten.

Durch die Arbeit mit dem Rechenrahmen hat sich Monika für Additions- und Subtraktionsaufgaben im Zahlenraum bis 100 eine Strategie angeeignet, die nicht nur suboptimal ist, sondern darüber hinaus eine hohe Gedächtnisleistung erfordert. Aus diesem Grunde muss die (russische) Rechenmaschine als „wenig hilfreich, oft sogar hinderlich" (RADATZ 1989, 7) für Kinder wie Monika angesehen werden.

Aufgrund ihres zählenden Rechnens in Einerschritten erkennt Monika keine Analogien und sie vermag keine elaborierteren Kopfrechenstrategien zu lernen. Hierdurch ist der Aufbau des dekadischen Zahlensystems nicht entwickelt, so dass Monika bei Rechenoperationen die Stellenwerte nicht berücksichtigt, sondern häufig in willkürlicher Weise die einzelnen Ziffern zu kombinieren versucht.

Zu vorgegebenen Termen oder Rechenoperationen gelingt es Monika nicht, passende Bilder zu malen oder Geschichten zu erzählen. Mit den Rechenoperationen scheinen keine Handlungen verbunden zu sein.

Monika schreibt die zweistelligen Zahlen von rechts nach links, d. h. entgegen der sonst üblichen Schreibrichtung, aber entsprechend der im Deutschen verwendeten Sprachrichtung. Hierbei dreht sie die Zahlen nur sehr selten. Allerdings verwendet sie die Operationszeichen plus und minus manchmal gegensinnig.

Zahlen sind für Monika keine Größen, die Beziehungen untereinander aufweisen. Aber auch im geometrischen Bereich gelingt es ihr nicht, das Halbieren oder Verdoppeln von Strecken zeichnerisch-konstruktiv durchzuführen.

Für Rechenoperationen scheint Monika keine sinnvolle Vorstellung entwickelt zu haben. „Rechnen ist für diese Schüler weitgehend ein vorstellungsfreies Umgehen mit Zeichen nach bestimmten Regeln, wie bei einer Geheimschrift" (RADATZ 1993, 23).

Aber hat Monika eine Rechenschwäche? Gut, sie macht Fehler, sogar sehr viele. Aber ist dies schon hinreichend, um eine Dyskalkulie anzunehmen? Und was würde daraus folgen?

1.2 Exkurs zur Definition, zur Nomenklatur und zur Häufigkeit von Rechenschwäche

Kinder wie Monika sind im Unterricht keineswegs so selten, wie gemeinhin angenommen wird. Ihre Schwierigkeiten frühzeitig zu erkennen und ihnen eine angemessene Förderung zuteil werden zu lassen, stellt ein besonderes Anliegen der Grundschule dar. Nun ist es aber schwierig, mit unscharfen Begriffen zu operieren und einige Kinder mit dem Etikett „rechenschwach" zu versehen, andere hingegen nicht. Die Geschichte zeigt, dass das Phänomen „Rechenschwäche" keineswegs neu ist, wie man angesichts der steigenden Anzahl betroffener Schüler glauben könnte. Im Gegenteil wurde die Rechenschwäche bereits vor 3000 Jahren untersucht: Die alten Ägypter kannten den isolierten Ausfall arithmetischer Leistungen, untersuchten sie im Wesentlichen aber bei Erwachsenen. Dies mag sicher mit der damaligen Beschulungspraxis zusammenhängen, die Kinder nicht im zarten Alter bereits mit Rechenaufgaben traktierte. Spätestens aber mit dem Auftreten der Psychologie im 19. Jahrhundert wurde das Phänomen intensiver studiert. Es verwundert daher nicht, dass die „Dyskalkulie" meist mit der „Legasthenie" zusammen untersucht wurde. Bis zum heutigen Tag wurden eine Fülle von Unterformen der Rechenschwäche entdeckt, man kann in der Literatur über 50 verschiedene Typen von Dyskalkulie finden. Eine kurze Auswahl gibt die folgende Tabelle,

entwicklungsbedingte	Pseudo-	Akalkulie
numerische	Para-	Anarithmie
postläsionale	Entwicklungs-	Oligokalkulie
verbale		Arithmasthenie
sensorische		Anarithmetie
motorische		Dyskalkulie
dyslektische		
dysgraphische		
operationale		
praktognostische		
sekundäre		
lexikalische		
parietale		
visuelle		
räumliche		

Verschiedene Typen von Dyskalkulie

die als Symptomgenerator dienen kann. Hierzu nehme man aus der ersten Spalte einen Begriff, dann aus der zweiten und schließlich auch aus der letzten, um sie miteinander zu verbinden, z. B. zu „sensorische Entwicklungsdyskalkulie". Eine so konstruierte Erkrankung ist sicherlich in der Literatur der letzten 150 Jahre auffindbar. Hinzu kommen noch spezielle Syndrome wie „Zahlenaphasie", „Zahlenblindheit", „Zahlendysgraphie" und „Zahlendyssymbolismus".

Nun wird es der praktizierenden Lehrerin kaum gelingen, diese verschiedenartigen Symptome an Kindern ihrer Klasse zu entdecken. Es zeigt sich sehr leicht, woher diese Begriffsvielfalt entstammt. Neuropädiater und Kinderpsychiater haben sich beim Entdecken der verschiedenen Unterformen der Rechenschwäche hervorgetan. Selten wurde hingegen das Phänomen von Pädagogen, selbst nicht von Sonderpädagogen untersucht. Entsprechend dürftig fallen auch die Förderhinweise aus, die aus dieser medizinischen Orientierung herrühren. So gesehen hat die Untersuchung der Rechenschwäche bislang keine brauchbaren Ergebnisse für die Schulpraxis liefern können.

Dass immer noch eine medizinischklinische Sichtweise vorherrscht, zeigt der Versuch der Weltgesundheitsorganisation (WHO), die Rechenschwäche zu definieren. Sie listet unter dem Absatz F 81.2 in der internationalen statistischen Klassifikation der Krankheiten und verwandter Gesundheitsprobleme auf:

> **„Rechenstörung**
> Diese Störung besteht in einer umschriebenen Beeinträchtigung von Rechenfertigkeiten, die nicht allein durch eine allgemeine Intelligenzminderung oder eine unangemessene Beschulung erklärbar ist. Das Defizit betrifft vor allem die Beherrschung grundlegender Rechenfertigkeiten, wie Addition, Subtraktion, Multiplikation und Division, weniger die höheren mathematischen Fertigkeiten, die für Algebra, Trigonometrie, Geometrie oder Differential- und Integralrechnungen benötigt werden."

Es wird schnell deutlich, dass dieser Definitionsversuch weder für wissenschaftliche Zwecke im Sinne einer brauchbaren Begriffsdefinition noch für die praktische Arbeit mit den betroffenen Kindern, insbesondere deren Diagnose und Förderung hilfreich ist. Besonders im schulischen Alltag ist es wenig hilfreich, die „unangemessene Beschulung" als Ausschlusskriterium zu verwenden. Warum sollte ein Kind von Fördermaßnahmen ausgeschlossen sein, wenn seine Probleme im Mathematikunterricht von nicht oder schlecht erteiltem Unterricht ausgehen?

Auch ist nicht einzusehen, dass die Intelligenz als Kriterium verwendet wird. Hierbei besteht die Gefahr, dass eine willkürliche Grenzziehung Kinder von einer Förderung ausschließt. Normale Intelligenz wird teststatistisch in dem Bereich zwischen 85 und 115 angenommen, so dass ein Kind mit einem IQ von 86 als rechenschwach gelten kann, der Klassenkamerad mit einem IQ von 84 und gleicher Mathematikleistung hingegen nicht. Förderung werden beide Kinder bedürfen.

Die von der Weltgesundheitsorganisation so gefasste Rechenschwäche scheint ein weit verbreitetes Phänomen zu sein, was durch die Tatsache gestützt wird, dass international je nach Untersuchungen (und damit engerer oder weiterer Definition) 3 bis 7 Prozent der Grundschüler als extrem rechenschwach klassifiziert werden. Mit einer förderungsbedürftigen Rechenstörung sind sogar 15 Prozent der Schüler anzusehen. Das stabile Vorkommen in allen Kulturen legt also nahe, die Rechenschwäche tendenziell als eine Krankheit zu sehen.

Man könnte nun davon ausgehen, dass zur Diagnose einer Rechenschwäche geeignete Verfahren zur Verfügung stehen, Tests oder Beobachtungseinrichtungen, die genaueren Aufschluss über diese „Erkrankung" und ihre Heilmöglichkeiten geben. Dies ist aber keineswegs so. In Deutschland existieren zumindest zur Zeit noch nicht geeignete Tests für den Grundschulbereich, die es erlaubten, rechenschwache Schüler von ihren „normalen" Klassenkameraden zu trennen. So bleibt die Lehrerin mit ihrem Bemühen allein, und dies könnte auch gut sein. Die bisherigen Versuche, Rechenschwäche ähnlich wie die Legasthenie oder LRS in Verwaltungsvorschriften zu fassen, dürfte die begriffliche Unsicherheit nicht lösen, sondern lediglich dazu führen, dass sich die Lehrerin im Gestrüpp der Vorschriften zu verheddern droht.

Zugegeben, Verwaltung braucht Vorschriften, um Entscheidungen treffen zu können. Diese liegen aber üblicherweise auf einer anderen Ebene als die Bedürfnisse des Schulalltags. Jede Definition der Rechenschwäche, ob eng oder weit, erleichtert möglicherweise der Schulbürokratie, Entscheidungen zu formalisieren und wissenschaftlich abzusichern. Aber dies ist nicht das, was eine Lehrerin für ihren Unterricht und die Planung einer Förderung benötigt. Es erscheint hingegen sinnvoller, all jene Kinder in die Förderung aufzunehmen, deren Lernfortschritte, durch welche Gründe auch immer, als unzureichend angesehen werden. Hierbei kommt es sicherlich zu subjektiven Verzerrungen, zu individuellen Einschätzungen durch die Lehrperson.

Da wir aber davon ausgehen, dass die Lehrerin die Expertin für Rechenschwäche ist (und nicht die Schulbürokratie), setzen wir hohes Vertrauen in ihre Entscheidungskompetenz. Sie mag dies subjektiv anders erleben, sie kann befürchten, ihre getroffenen Entscheidungen stellten sich hinterher als falsch heraus. Es ist aber nicht erkennbar, wer über eine ähnliche Kompetenz verfügt und in solch angemessener Weise wie sie Rechenschwäche diagnostizieren und therapieren kann.

Aus diesem Grunde erscheint für schulpraktische Zwecke die Diskussion um eine formalisierbare Definition der Rechenschwäche/Dyskalkulie wie der Streit um des Kaisers Bart. Das erste Ziel muss sein, den Kindern in ihren Schwierigkeiten bei arithmetischen Lernprozessen zu helfen. Ob diese Kinder in diese oder jene Kategorie fallen, ist danach zweitrangig.

Hat Monika nun eine Dyskalkulie oder Rechenschwäche?

1.3 Kleiner Exkurs zur Diagnostik

An dieser Stelle soll eine kleine Beschreibung des diagnostischen Vorgehens folgen, auf Details wird weiter unten tiefer eingegangen. Die Diagnose ist nicht nur die Feststellung, dass ein Kind an einer Krankheit leidet (und nach der WHO-Definition gehört offenbar auch die Rechenschwäche zu den Kinderkrankheiten), sondern sie soll Aufschluss geben über die möglichen Verursachungsfaktoren und gegebenenfalls Hinweise liefern, wie zu helfen sei.

Ziel ist nicht, das Kind mit einem Etikett zu versehen, sondern seine fehlerhaften Denkprozesse zu verstehen, sie nachvollziehen zu können.

Woran zeigt sich Rechenschwäche? Sicherlich zuerst daran, dass ein Kind Fehler macht, denn bearbeitet es alle Aufgaben richtig, wird man es kaum als rechenschwach einstufen. Fehler zu machen ist also notwendig, damit das Etikett „rechenschwach" zur Anwendung gelangt. Aber auch viele Fehler erklären noch nicht das Phänomen. Vor allem ist damit keineswegs geklärt, wie es denn zu einer Rechenschwäche kommt. Und will man Kindern mit mathematischen Lernschwierigkeiten helfen, dann erfordert dies, den Ursachen nachzugehen, die solche Störungen bewirken können, und diese im individuellen Fall frühzeitig zu diagnostizieren. Nicht immer müssen die Gründe allein in der Schülerin bzw. dem Schüler liegen. Es erscheint sinnvoller, den schulischen Lernprozess insgesamt und umfassend zu betrachten und jene Faktoren zu untersuchen, die ihn behindern. Nicht dass damit der Schule oder der Mathematiklehrerin die Schuld zugewiesen werden soll, denn Schuldzuweisungen helfen bei diesem Problem nicht weiter. Aber die Besonderheiten des Lernens von Arithmetik führt auf die spezifischen Anforderungen, die der gängige Mathematikunterricht stellt, und auf die kognitiven Voraussetzungen, die nicht notwendig von allen Kindern erfüllt sein müssen.

Sich auf den Grundschulunterricht zu beschränken ist sinnvoll, da hier am ehesten Lernstörungen entdeckt und behoben werden können. Später auftretende Mathematikschwierigkeiten sind meist auf Kenntnislücken, missverstandene Begriffe und fehlerhafte schriftliche Verfahren zurückzuführen; eine Rechenschwäche tritt in der Sekundarstufe nicht mehr plötzlich auf (es sei denn als posttraumatisches Syndrom, z. B. nach Unfällen). Wenn doch in der Sekundarstufe I eine Rechenschwäche vermutet wird, dann handelt es sich meist um unerkannte Lernprobleme aus dem Elementarbereich, die noch immer fortwirken. Sehr oft werden 13- bis 16-jährige Jugendliche mit dem Verdacht auf eine Rechenschwäche in Beratungsstellen vorgestellt, bei denen eine genauere Überprüfung zeigt, dass sie massive Rechenschwierigkeiten im Zahlenraum bis 100, meist bereits im Zahlenraum bis 20 aufweisen. Den beiden Eingangsklassen kommt daher die wichtigste Funktion bei der Verhinderung von Rechenschwäche und der Vermeidung von Fehlern zu, aber:

▧ **Fehler sind das Produkt angestrengten Denkens der Kinder.** ▧

Dies scheint auf den ersten Blick schwierig, entziehen sich doch die gemachten Fehler häufig einer sinnhaften Erklärung und liegen abseits jeder vernünftigen Lösungswege. Und dennoch: Die Schüler haben sich bemüht, sie sind einen Lösungsweg gegangen, der zwar nicht der gewünschte war und nicht zum richtigen Ergebnis führte, aber sie haben angestrengt gedacht. Es ist sinnvoll, ihnen dies zu unterstellen und nicht zu glauben, rechenschwache Kinder hätten einen Zufallsgenerator im Kopf, der nach Gutdünken Zahlen ausspucke.

Der erste Schritt ist demnach die

● Fehleranalyse
Fehler sind also nicht nur dazu da, mit roter Tinte angestrichen zu werden, sondern sie geben (manchmal) Hinweise auf zugrunde liegende Denkprozesse. Allerdings sollte die Lehrerin anfangs möglichst vielfältige Erklärungen versuchen und sich nicht vorschnell auf eine festlegen. Sie muss ihre Vermutung an weiteren Beispielaufgaben erproben. Wie kommt ein Kind auf die Lösung $42 - 5 = 38$? Zählendes Rechnen führt zu „42, 41, 40, 39, 38", hingegen begehen Kinder mit einer Rechts-Links-Orientierungsstörung so genannte Klappungsfehler: Sie subtrahieren von der 42 zuerst 2 und versuchen dann noch den Rest abzuziehen. Und an dieser Stelle tritt ihr Fehler auf: Welches ist der Rest, die 2 oder die 3?

Sie klappen zwischen den beiden Fünfer-Ergänzungen hin und her. Hier hilft erst eine weitere Aufgabe, etwa 41 − 5. Die (falsch) zählenden Rechner erhalten nun 37, die Kinder mit der Orientierungsstörung erhalten 39.

Es sind aber nicht nur die Fehler, die Aufschluss über die Besonderheiten des Kindes liefern. Häufig erhält die Grundschullehrerin wichtige zusätzliche Daten über die Umwelt und die bisherige, auch vorschulische Entwicklung des Kindes durch die

● Anamnese
Familiendaten über die häusliche Situation (hat das Kind ein eigenes Zimmer, einen Arbeitstisch, um seine Hausaufgaben zu machen) und über familiäre Belastungen (viele Geschwister, keine Geschwister, Todesfall in der Familie, drohende oder vollzogene Scheidung der Eltern) können eine Abgrenzung von psychogenen Störungen erlauben und auf mögliche, nur vorübergehend und nicht dauerhaft auftretende beeinträchtigende Faktoren hinweisen.

Wesentlich ist aber die

● Beobachtung des Problemlöseverhaltens,
die einen Einblick in die Begriffsentwicklung, Entwicklung der Algorithmen und die typischen Fehler des Kindes erlaubt. Sie stellt die Haupttätigkeit der Grundschullehrerin in diagnostischer Hinsicht dar. Allerdings muss die Unterrichtsorganisation darauf abgestellt sein (siehe Kapitel 6). Ein lehrerzentrierter, fragend-entwickelnder Frontalunterricht erlaubt wenig Einblick in die individuellen Denk- und Problemlösewege der einzelnen Kinder, hingegen eröffnen sich vielfältige Möglichkeiten in einem offenen, problemorientierten Unterricht mit hohem Anteil an Partner- und Gruppenarbeit.

Neben dem Fachunterricht erhält die Grundschullehrerin viele Informationen in ihrer

● Beobachtung des Spiel- und Malverhaltens
des Kindes; sie erlebt es beim Rennen auf dem Gang und im Schulhof und bei Übungen im Sportunterricht, und vermag so Rückschlüsse auf seine motorische Entwicklung und eventuelle Beeinträchtigung zu ziehen. Sie sieht die Produkte seiner Zeichen- und Malbemühungen und kann so nicht nur die feinmotorischen Fähigkeiten abschätzen, sondern auch die Raum-Lage-Wahrnehmung, die Wahrnehmung von Größenbeziehungen etc. Sie beobachtet die Vorlieben und Abneigungen im Spielverhal-

ten und kann so die altersgemäße Entwicklung der in diesen Spielen geforderten kognitiven Fähigkeiten abschätzen; denn Kindern geht es wie uns Erwachsenen: Sie machen das gerne, was sie gut können, und vermeiden, was sie nach ihrer Meinung schlecht können. Wenn ein Kind das Memory-Spiel vermeidet, dann könnte (!) es daran liegen, dass sein visuelles Gedächtnis schlechter entwickelt ist als das seiner Alterskameraden. Und wenn ein Mädchen nicht gerne malt oder ein Junge trotz ausreichenden Angebots nicht gerne mit Lego oder Fischertechnik spielt, dann könnte die Vorstellungsfähigkeit und die Raum-Lage-Orientierung gestört sein.

Im Unterricht ist es leicht, ein

- Neurologisches Screening
  durchzuführen und die Händigkeit eines Kindes bzw. die gekreuzte Lateralität zu ermitteln, die bei vielen Kindern mit Rechenschwäche beobachtet werden kann (für Details siehe Kapitel 3.1).

Erst zuletzt, wenn sich die vorläufigen, unsicheren Vermutungen zu einer gewichtigen Hypothese über die individuellen Verursachungsfaktoren der Rechenschwäche verdichtet haben, kommen

- Tests
  zum Einsatz. Dann weiß die Lehrerin zwar auch nicht unbedingt mehr als vorher, aber sie sieht ihre Vermutung gestützt oder widerlegt. Denn die schlichten Zahlenwerte, die ein Test über das Kind liefert, können nie die ganze Persönlichkeit und den bisherigen Leidensweg umfassend einfangen. Zur Anwendung kommen standardisierte Leistungstests, die kaum vorhanden sind, und insbesondere kognitive und klinische Tests, die allerdings aufgrund gängiger rechtlicher Voraussetzungen nicht von der Grundschullehrerin, sondern von einer kooperierenden Sonderschullehrerin oder der Schulpsychologin durchgeführt werden müssen.

Alle diese Informationen sind Hinweise und Mosaiksteine, die sich in ihrer Fülle zu einem Bild des Kindes zusammensetzen lassen. – Dies ist die Aufgabe der Grundschullehrerin.

1.4 Monika – weitere Beobachtungen

Mal nimmt Monika Gegenstände mit der rechten Hand, mal greift sie mit der linken zu. Allerdings schreibt sie konstant mit der rechten Hand, bezeichnet diese aber als „links". Es wurde bereits beobachtet, dass Monika augenfällig Zahlen von rechts nach links schreibt, was der Sprechweise im Deutschen entspricht. Es lässt sich aber auch vermuten, dass Monika eine verdeckte Linkshänderin ist oder keine ausgeprägte Dominanz besitzt. „Linksseiter orientieren sich in der Horizontalen primär von rechts nach links; das scheint mit der Hirndominanz zusammenzuhängen" (ELLROTT 1993, 28).

Die Lehrerin beobachtete im Sportunterricht, dass die Fußdominanz bei Monika nicht ausgeprägt ist. In der einen Stunde hüpfte Monika spontan auf dem rechten Bein, um dann in der nächsten Sportstunde mit dem linken Bein zu springen.

Im Sachkundeunterricht rollte Monika ein Blatt Papier zu einem Fernrohr, das sie, nachdem es die Nachbarin verwendet hatte, spontan mit der linken Hand ergriff, um es an das rechte Auge zu halten.

Da es keine dominierende Seitigkeit bei Monika zu geben scheint, liegt die Vermutung nahe, dass ihre Orientierung in der Vorstellung wie auch bei anderen kognitiven Operationen wechseln kann.

Ihre Tischnachbarin hingegen machte alles mit rechts: sie schaute mit dem rechten Auge durch das Fernrohr, griff spontan immer mit der rechten Hand zu, hüpfte mit dem rechten Bein.

Wie kommt es zu diesen Rechenfehlern? Welche zugrunde liegenden Fähigkeiten können bei Monika gestört sein? Hat rechts und links etwas mit der deutschen Sprache zu tun, die nicht die Muttersprache von Monika ist? Monika spricht hinreichend deutsch, um die Begriffe rechts und links sprachlich unterscheiden zu können. Aus diesem Grunde scheidet ein Sprachproblem für die Rechts-Links-Unsicherheit aus. Auch wenn sie die Worte nicht immer richtig verwendet, wenn sie auf ihren eigenen Körper bezogen sind, so bleibt sie doch innerhalb einer Stunde fest bei der einmal getroffenen Benennung.

Sowohl im Kunstunterricht als auch im Sachunterricht beim Abmalen von Gegenständen schwanken aber ihre Richtungen, und die Größenverhältnisse werden von Monika nicht richtig dargestellt.

Könnte es sein, dass sowohl für ihre Fehler bei Rechenoperationen als auch für die fehlerhaften Zeichnungen eine gemeinsame Ursache zugrunde liegt? Dies würde aber bedeuten, dass Rechnen und Malen eng miteinander verbunden sind oder ihnen verwandte Fähigkeiten zugrunde liegen.

Die Anweisung der Lehrerin lautete:

„Zeichne ein Bild:
in die Mitte ein Quadrat, unter das Quadrat einen kleinen Kreis, rechts neben den kleinen Kreis ein großes Dreieck, über das große Dreieck ein Rechteck, oben links ein kleines Dreieck, unten links einen großen Kreis. Kontrolliere, ob jetzt auf dem Bild 6 Figuren zu sehen sind!"

Es erhebt sich die Frage, was Rechnen eigentlich ist. Dies scheint eine banale Frage zu sein, weil wir es alle können.

Aber was passiert eigentlich im Kopf, wenn wir rechnen? Was sind die kognitiven Voraussetzungen, über die die Kinder verfügen müssen, wenn sie unserem Mathematikunterricht folgen wollen?

2 Über das Lernen arithmetischer Inhalte

2.1 Die Bilder im Kopf: der vorgestellte Zahlenraum

Wie rechnen Grundschüler die Aufgabe 35 + 17? Viele werden sehr unterschiedliche Strategien verwenden, etwa:

Zuerst die Zehner (30 + 10) und dann die Einer (5 + 7)
$35 + 17 = 30 + 10 + 5 + 7 = 52$
Zur 35 die 10 addieren, dann die 7
$35 + 17 = 35 + 10 + 7 = 52$
Bei der zweiten Zahl beginnend zuerst die Einer, dann die Zehner
$35 + 17 = 17 + 5 + 30 = 52$
Oder umgekehrt erst die Zehner, dann die Einer
$35 + 17 = 17 + 30 + 5 = 52$
Addition von 5 zur ersten Zahl, die von der zweiten wieder abgezogen wird
(Zehnerergänzung beziehungsweise gegensinniges Verändern)
$35 + 17 = 35 + 5 + 12 = 40 + 12 = 52$
Addition von 20, anschließende Subtraktion von 3
$35 + 17 = 35 + 20 - 3 = 55 - 3 = 52$
Subtraktion von 3 und anschließende Addition von 20
$35 + 17 = 35 - 3 + 20 = 32 + 20 = 52$

Dies sind nur einige Beispiele, die als Rechenstrategien beobachtet werden können. Viele unterschiedliche Strategien, vor allem aber auch Strategien, die gar nicht unterrichtet wurden. Und wie geht man als Lehrperson damit um? Wir können die Strategien beschreiben und besitzen sogar didaktische Bezeichnungen für einige von ihnen. Aber was geht bei den Rechnungen in unserem Kopf vor? Wie kommen wir dazu, uns für eine bestimmte Rechenstrategie zu entscheiden?

Wir haben es hier mit einem Problem zu tun, das den Unterricht charakterisiert: Wir bedienen uns der Sprache um zu beschreiben, wie wir rechnen. Aber tatsächlich denken wir beim Rechnen nicht sprachlich, sondern die Zahlen liegen im Kopf in Form einer bildhaften Darstellung vor. Sie bilden einen visuellen Zahlenraum, in dem wir uns bewegen.

Rechnungen sind dabei Sprünge in diesem vorgestellten Zahlenraum. Und diesen Zahlenraum versuchen wir mit den Veranschaulichungsmitteln bei Grundschülern aufzubauen. Er bildet die Zahlen und insbesondere die Zahlbeziehungen ab. Es handelt sich um geometrische Beziehungen, die die Zahlen in unserem Kopf besitzen.

So werden wir bei der Aufgabe 93 – 88 ergänzen, das heißt von der 88 zur 93 gehen, da diese beiden Zahlen so nahe beieinander liegen (und nicht, weil das Ergänzungsverfahren der Subtraktion in Deutschland vorgeschrieben ist). Hingegen werden wir bei der Aufgabe 93 – 5 (entgegen des KMK-Beschlusses für die schriftlichen Verfahren) nicht ergänzen, sondern abziehen. Und bei der Aufgabe 93 – 19? Vielleicht rechnen einige dabei 93 – 10 – 9, andere hingegen 93 – 20 + 1, weil die 19 so nahe bei der günstigen 20 liegt.

Und wie kommen die Zahlen, die Beziehungen zwischen den Zahlen und die Rechenoperationen in den Kopf des Kindes?

2.2 Die Stufen der Verinnerlichung und der mathematische Lernprozess

Unabhängig vom jeweils verwendeten Schulbuch, der favorisierten Methodik und dem aktuellen Inhalt durchläuft sowohl der arithmetische Anfangsunterricht als auch der Mathematikunterricht der weiterführenden Klassen bestimmte Phasen (vgl. GRISSEMANN/WEBER 1990). Fehler bzw. Lernhemmnisse innerhalb dieser Phasen lassen Rückschlüsse auf zugehörige Verursachungsfaktoren zu. Ausgehend von konkretem Handeln und dem Operieren mit verschiedenartigen Materialien (Phase 1) wird zu abstrakteren, bildhaften und damit insbesondere statischen Darstellungen im Schulbuch, auf der Tafel und den Arbeitsblättern übergegangen. Diese Darstellungen werden in eine ziffernmäßige Form übersetzt (Phase 2). Hinter diesem Vorgehen steht die Hoffnung, bald auf das Material und seinen Umgang verzichten zu können. Eine entsprechende Vorstellung sollte sich inzwischen schon „von selbst" im Kopf des Kindes eingestellt haben. So kann der Unterricht schließlich auf den reinen Ziffernumgang („Päckchenrechnen", Phase 3) verkürzt werden, der schließlich, wie beim kleinen Einmaleins oder der Addition und Subtraktion im Zahlenraum bis 20, automatisiert wird (Phase 4).

Text- oder Sachaufgaben begleiten die jeweiligen Phasen, sie stellen aber eigene Anforderungen, ohne dass diese in entsprechendem Maße immer als Unterrichtsgegenstand thematisiert oder hinreichend beachtet würden.

Mit der Betonung des Lehr-Lern-Prozesses wird das Augenmerk auf die Beziehung zwischen den Besonderheiten des Unterrichts (im weiteren Sinne) und den individuellen Denkprozessen der jeweiligen Schülerin bzw. des jeweiligen Schülers gelenkt. Für die Erkennung von Lernschwierigkeiten stellen sich dann Fragen wie:

● Besitzt das Kind ein bevorzugtes Denkmedium, d. h. denkt es vornehmlich sprachlich oder bildlich?
● Wie sehen seine Lösungs-, besser: seine Fehllösungsstrategien aus? Lassen sich diese identifizieren? Fallen sie abhängig von der Aufgabenform aus, sind sie etwa bei schriftlichen Verfahren anders als bei mündlichen Kopfrechenaufgaben?
● Welche Handlungen führt das betreffende Kind mit dem Material bei arithmetischen Operationen durch, denn die Operation, die vermeintlich darin versteckt oder gar offensichtlich sei, soll es ja erkennen?
● Auf welche Konventionen und Regeln für den Umgang mit den Veranschaulichungsmitteln hat man sich innerhalb der Klasse geeinigt? Was ist als gültige und erlaubte Manipulation anzusehen, was ist nicht erlaubt, was soll als mathematisch falsch gelten?

Untersucht man die jeweiligen kognitiven Anforderungen, dann zeigen sich deutliche Besonderheiten und Unterschiede zwischen den einzelnen Phasen, so dass sich hier auftretende Fehler auf zugehörige Ursachen beziehen lassen.

1. Phase

Bei den Handlungen mit konkreten Gegenständen wie dem Hinzutun (Addition), dem Wegnehmen (Subtraktion), der Wiederholung von gleichen Handlungen (Multiplikation), dem Ver- oder Aufteilen von Mengen (Division) oder anderen Operationen am Veranschaulichungsmittel wird nicht nur die motorische Ausführung verlangt. Die Schülerin bzw. der Schüler muss darüber hinaus in der Lage sein, die einzelnen Teilschritte in der Vorstellung vorwegzunehmen, damit die geforderte Handlung durchgeführt werden kann. Nach Abschluss der Handlung müssen die bereits vollzogenen Teilschritte erinnert werden, die Handlung muss in visuelle Vorstellung zurückgeholt werden können, denn auf dem Tisch liegt lediglich das Endergebnis der Handlung. Wie dieses entstanden ist, zeigt das Resultat nicht. Wenn Kinder dies nicht erinnern können, dann gelingt ihnen die Übertragung in die ziffernmäßige Darstellung nicht (siehe Tabelle S. 25).

Methodisches Vorgehen	Geforderte kognitive Fähigkeiten	Mögliche Störbereiche	Mögliche Ursachen	Auftretende Fehlertypen und -muster
Konkreter Operationsaufbau; Handlungsvollzug unter Beachtung der quantitativen Struktur	Visuelle Antizipation von Teilschritten; Rückblick als vorstellungsmäßiges Erinnern; (grob) motorische Ausführung	Visuelle Gliederung, Raum-Lage-Beziehung, Figur-Hintergrund-Differenzierung; Grobmotorik	Deprivation, minimale cerebrale Dysfunktion (MCD), Körperbehinderung (Grob-, Feinmot.), kognitive Entwicklung verzögert	Piaget'sche Experimente (Seriation, Konservierung) $2 + \_ = 5$ $\_ = 5$ $\rightarrow$
Bildhafte (und ziffernmäßige) Darstellung der Operationen	Visuelle Vorstellung des Operationsablaufs bei statischer Darstellung; motorisches Gedächtnis	Visuelles Gedächtnis, visuelles Operieren	MCD, neurologische Desorganisation, Orientierungsstörung, Rechts-Links-Diskriminations-Schwäche	Verwechslung $72 - 27$ $25 + 4 = 92$ (56, 52, 65, 21) $45 + 3 = 51$ (15, 42, 84, 24) Verwechslung vorwärts, rückwärts zählen
Ziffernmäßige Darstellung; allmählicher Verzicht visueller Bedeutung; Übergang zu logisch-unanschaulicher Handlung	Visuelle Vorstellung der Operationen an anschaulichen Handlungskorrelaten; auditives Gedächtnis	Operative Abstraktion; auditives Langzeitgedächtnis	Deprivation MCD R-L-Schwäche	s.o. $48 \pm 6 = 52$
Automatisierung im Zeichenbereich; Kopfrechnung	Assoziationsgedächtnis	Auditives Kurzzeitgedächtnis	Deprivation (emotionale Störung)	$8 \cdot 8 = 86$, $8 + 5 = 13$, $18 + 5 =$, $28 + 5 =$
Sachaufgaben	Leseleistung; Umsetzung Sprache/Bild; visuelle Handlungsvorstellung bei Texten i. S. von Textverständnis; Alltagserfahrung, Weltwissen	Sprachverständnis; visuelles Operieren	Entwicklungsbedingt; kongenital, soziokulturell	„Zu Fuß braucht er 15 min, mit dem Fahrrad ist er dreimal so schnell." $\rightarrow 3 \cdot 15 = 45$ „Von dem Konto will er monatl. ... € abbuchen."

Phasen des arithmetischen Anfangsunterrichts, geforderte kognitive Fähigkeiten, Störbereiche, Ursachen und Fehler (vgl. Lorenz 1992)

2. Phase

Die bildhafte Darstellung des Schulbuchs und Arbeitsblattes verlangt, die zweidimensionale, meist bildhaft verkürzte Zeichnung (Pfeile, Punkte und Striche) „lesen" zu können. Das Kind muss sie sich als dreidimensionale, lebensnahe Operation vorstellen, die es nun nicht mehr selbst ausführt, aber ausführen *könnte*. Auch hierfür muss es in der Lage sein, sich den gemeinten Handlungsablauf (in dem die arithmetische Operation, der mathematische Begriff enthalten ist) in die visuelle Anschauung zu holen.

Bereits hier haben einige Schüler Schwierigkeiten, die dazu führen, dass sie lediglich automatisiert versuchen, bildhafte Anweisungen in Zifferngleichungen zu übertragen, ohne die Beziehung verstanden zu haben. Eine zu frühe Automatisierung steht aber meist einem weitergehenden Verständnis entgegen und versucht dieses zu ersetzen.

3. Phase

Auch bei der zeichenmäßig-symbolischen Darstellung wird erwartet, dass sie mit der zugehörigen Handlung verknüpft wird. Ansonsten bliebe es bei einer bedeutungsarmen Symbolik, die sich in einer sinnentleerten Ziffernmanipulation ohne Realbezug erschöpft. Die Zeichen sollen ja Bedeutung erlangen. Auch wenn in dieser Phase die visuelle Vorstellungsfähigkeit zurücktritt, so ist sie doch durch den Ziffernbezug zur jeweiligen Handlung notwendig, auf sie müssen die Schüler jederzeit zurückgreifen können.

Außerdem werden jetzt das Kurz- und das Langzeitgedächtnis gefordert sowie ein gewisses Symbolverständnis. Hiermit ist gemeint, dass mathematische Symbole einer eigenen Grammatik oder Syntax gehorchen, die einerseits unabhängig von der Bedeutung, aber auch von den Regeln der Schriftsprache ist. So ist $4 + 3 = 8$ „grammatikalisch" richtig (wenn auch inhaltlich falsch), $+ = \cdot 56$: hingegen nicht.

Für einige Kinder haben Symbole eine tiefer gehende und eigenständige Bedeutung, etwas, das ein Eigenleben der Symbole ausmacht. Für sie ist schwer verständlich, dass Symbole nichts weiter als Vereinbarungen, also Konventionen sind, die man auch anders hätte definieren können. Hier kommt es dann zu subjektiven Verständnisschwierigkeiten, obwohl objektiv keine vorliegen, da es nichts zu verstehen gibt. So deutet etwa die Frage nach der Bedeutung des senkrechten Strichs bei der 4 auf solche Probleme hin. Diese können dazu führen, dass das Kind die Arithmetik oder die gesamte Mathematik mit einem unverstehbaren Schleier versieht.

4. Phase

Die Automatisierung stellt zwar einerseits kurzfristige Anforderungen an das Kurz- und Langzeitgedächtnis, sie erfolgt aber andererseits, damit der Rechenvorgang entlastet wird und Berechnungen des kleinen Einmaleins oder im Zahlenraum bis 20 nicht ausgeführt werden müssen. Damit werden sie weniger fehleranfällig und verkürzen die Zeitspanne (kein Erwachsener antwortet bei der Aufgabe 7 · 7 nach längerem Überlegen und umständlichen Rechnen mal 48, mal 50, sondern er weiß die Lösung). In dieser Phase werden das Assoziationsgedächtnis und das Gedächtnis für Sequenzen, d. h. die Abfolge der Teilschritte z. B. bei schriftlichen Verfahren, verlangt.

Es ist allerdings zu beobachten, dass Schülerinnen und Schüler mit einer Rechenschwäche aufgrund anderer Faktoren in der Phase der Automatisierung häufig „aufblühen". Denn nun können sie, obwohl sie die Multiplikation und Division als Handlung und damit als Begriff nicht verstanden haben, ihre guten Gedächtnisfähigkeiten beim Einmaleins ausspielen (allerdings können sie die Rechensätze selten anwenden). Gerade Kinder mit Schwierigkeiten in der Raumvorstellung, und dies ist die häufigste Ursache für Rechenschwäche, haben ihre Gedächtnisfähigkeit kompensatorisch gut entwickelt.

Sachrechnen

Um Textaufgaben zu verstehen, bedarf es zunächst einer hinreichenden Leseleistung. Außerdem wird von den Schülerinnen und Schülern ein ausreichendes Sprachverständnis erwartet, das sie die Worte der Aufgabe verstehen lässt. Hinzu kommt, dass die Kinder aufgrund des Realitätsbezuges des Textes genügend Alltags- oder Weltwissen besitzen müssen, damit sie den in der Aufgabe beschriebenen Sachverhalt verstehen können. Schließlich müssen sie die sprachlichen Äußerungen in Vorstellungsbilder übersetzen, denn erst auf der Grundlage der vorgestellten Handlungen und Abläufe sind sie in der Lage, die zugehörige mathematische Operation zu bestimmen. Und dies ist meist die eigentliche Schwierigkeit von Sachaufgaben.

So ist bei Kindern mit Problemen im Vorstellungsbereich häufig zu beobachten, dass sie Sachaufgaben nicht abändern, paraphrasieren, d. h. mit eigenen Worten schildern oder die Handlung (!) malen können. Zwar gelingt ihnen die Zeichnung eines statischen, meist dem Schulbuch entlehnten Bildes, selten aber der Verlauf der zugrunde liegenden Handlung. Und mathematische Begriffe sind in der Vorstellung eben Handlungen, die man im Text der Aufgabe wiederfinden und identifizieren muss.

2.3 Einige Veranschaulichungsmittel und ihr Gebrauch von rechenschwachen Kindern

Seit Jahrhunderten ist man sich in der Mathematikdidaktik einig, dass Kinder günstigerweise durch Handlungen lernen. Diverse Veranschaulichungsmittel wurden in der Geschichte der Didaktik erfunden, die die mathematische Struktur enthalten und die Kinder zu entsprechenden Handlungen anregen sollten. Wie hat man sich aber das Lernen mit diesen Materialien vorzustellen? Könnte es sein, dass das Handeln, das Manipulieren der konkreten Objekte gar nicht automatisch zu entsprechenden Anschauungsbildern führt? Einige Anmerkungen zu den im Unterricht verwendeten Materialien sollen gegenüber diesem angenommenen Automatismus skeptisch machen. Es handelt sich um Schwierigkeiten, die sich aus der Natur des betreffenden Veranschaulichungsmittels selbst und damit im Unterricht ergeben.

Die Zahlenbilder

Häufig bemerken wir bei der Arbeit mit rechenschwachen Kindern, dass sie zwar die Zahlenbilder „kennen", aber nicht angeben können, aus wie vielen Punkten sie zusammengesetzt sind. Wie kommt es zu dieser eingeschränkten Wahrnehmung? Zum einen scheint es, dass die Kinder nicht notwendig bei den Zahlenbildern die Punktmenge mit der bezeichneten Zahl in Verbindung bringen. Was für uns selbstverständlich erscheint, ist für Kinder nicht notwendig. Mit ähnlicher Begründung könnte man auch vermuten, dass das Zeichen „4" die Zahl „drei" repräsentiert, da es ja aus drei Strichen besteht.

Die Kraft der Zahlenbilder und insbesondere der Würfelbilder, nämlich ihre einprägsame Konfiguration, die einen extrem hohen Wiedererkennungswert bereits im Vorschulalter besitzt, ist gleichzeitig ihre Schwäche. Die Punktanzahl hat mit der (gewürfelten) Zahl in den Augen der Kinder wenig zu tun. Wie auch, da die Zahlen ja nicht auseinander entstehen. Das Würfelbild der „4" ergibt sich nicht aus der „3" durch Hinzunahme eines weiteren Punktes, die „6" entsteht nicht aus der „5". Die Konfiguration der Punkte ist aus der Sicht der Kinder zwar erinnerungswert, aber eher zufällig.

Zudem ist bei Zahlenbildern kritisch zu fragen, wie sie in einem erweiterten Zahlenraum, etwa im Hunderter- oder gar Tausenderraum fortgesetzt werden können (eigentlich gar nicht). Und wechselnde Veranschaulichungsmittel erfordern eine fortwährende, für rechenschwache Kinder äußerst mühsame Übersetzung von einem Mittel zum nächsten. Auch die Rechenstrategien an den Veranschaulichungsmitteln ändern sich. Die Betonung der Mengendarstellung ist außerdem fraglich, da in unserem Kopf Zahlen eben nicht als Mengen gedacht werden: Niemand „sieht" bei obiger Aufgabe 35 Apfelsinen, denen er 17 Apfelsinen hinzufügt. Damit verlieren für anzustrebende Rechenstrategien im Kopf die Zahlenbilder ihren Wert, weil wir Zahlen als Längen bzw. Größen repräsentieren.

Die Mehr-System-Blöcke

Die Mehr-System-Blöcke oder auch Dienes-Blöcke (Einer-Würfel, Zehner-Stangen, Hunderter-Platten etc.) werden ab der zweiten Klasse eingesetzt, da sie, so meint man, das Dezimalsystem hervorragend darstellen. Allerdings kommt es bei diesem Material durch ausbleibende Bündelung oder Entbündelung zu typischen Fehlern, die bei anderen Veranschaulichungsmitteln nicht beobachtet werden.

Einige Kinder entwickeln Schwierigkeiten mit der Einheit. Was ist denn die jeweilige Einheit? Bei konkreten Mengen ist dies klar: jeweils ein Element der Menge. Auch wenn dies, für die Kinder in durchaus belustigender Weise, nicht unbedingt mit der Größe der Objekte korrespondiert. So ist die Menge von zwei Elefanten kleiner als die Menge mit drei Flöhen. Und eine Menge mit 2 Elefanten und 3 Flöhen hat die Größe 5!

Übertragen Kinder diese Erkenntnis direkt auf das Material, dann ergeben sich, wie bei rechenschwachen Kindern häufig zu beobachten, merkwürdige Lösungen. So ist 7 + 5 eben 3, da sich aus der Materialhandlung eine Zehner-Stange und zwei Einer-Würfel ergeben. Und dies sind für sie „3". Keineswegs unplausibel, denn es handelt sich tatsächlich um 3 Objekte. Aber eigentlich sollen diese drei Objekte die Zahl „12" repräsentieren.

Als zweiter, häufig mit diesem Material verbundener Fehler, lässt sich die nicht durchgeführte Bündelung beobachten. So kommt es zu einem „typischen Materialfehler", indem sie lösen 486 + 274 = 61 312, da sie 6 Hunderter, 13 Zehner und 12 Einer vor sich liegen sehen. Das Material selbst fordert, zumindest aus der Sicht der Kinder, nicht zum Bündeln (= Tauschen) auf.

Die Strukturen, so wurde oben gesagt, bilden sich nach gängiger Vorstellung im kindlichen Kopf aufgrund von Handlungen aus. Auch diese Kinder mit ihren Fehlinterpretationen der arithmetischen Berechnungen oder Begriffe hatten eine lange Erfahrung im Umgang mit dem Material.

Nur haben sich damit nicht automatisch die gewünschten Begriffe ausgebildet. Diese sind abstrakt, sie sind unsere menschliche Interpretation und Strukturierung der Welt. Sie sind den Objekten nicht direkt ablesbar; es genügt nicht, einfach hinzuschauen. Die Handlungen durchzuführen und die numerischen Veränderungen dabei zu sehen, reicht nicht aus. Es ist ein pädagogischer Irrtum zu glauben, in dieser Weise gelangten Begriffe in den Kopf, denn es ist ein wechselweiser Akt zwischen Wahrnehmung und Erkenntnis. Wenn Schülerinnen und Schüler die Veranschaulichungsmittel und Tafelbilder nicht sehen, vermag ein aufmunterndes „Sieh doch genau hin" daran wenig zu ändern. Denn es ist nicht die Hand oder der flinke Finger, die einen Begriff im Kopf bewirken, sondern das Nachdenken über die Handlung, die Reflexion. Anderenfalls bleiben Mehr-System-Blöcke bunte Würfel, Stäbe und Platten (vgl. SELTER 1994; SELTER/SPIEGEL 1997).

Der Zahlenstrahl

Auch beim Zahlenstrahl macht sich mangelnde Reflexion über die Zahlbeziehungen bemerkbar, wenn die Handlung und nur sie allein im Vordergrund des Unterrichts steht. Häufig verwenden die Schülerinnen und Schüler dieses Mittel (wie die anderen Mittel übrigens auch) lediglich als Fingerersatz, sie zählen an dem Material vorwärts oder rückwärts. Die Striche dienen dazu, leicht antippend den Zählprozess aufrecht zu halten. Aber leider bilden sich damit keine Strukturen aus.

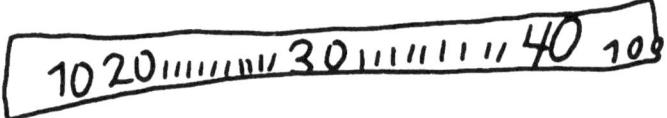

Zwar hat dieser Schüler aus der 4. Klasse die Abfolge der Zahlen richtig wiedergegeben, aber die Struktur, ihre Beziehung untereinander ist gravierend falsch. Auch bei dem folgenden Bild eines Realschülers aus der 7. Klasse wird deutlich, dass bestimmte Teile des Zahlenstrahls erinnert wurden, dass die 5 irgendwie in der Mitte der 10 oder 100 liegt, aber die Zahlen haben für ihn keine weitere Bedeutung. Es handelt sich um einen zählenden Rechner, der bislang im Mathematikunterricht nicht auffiel, weil er durch ein sehr gutes Gedächtnis sein nicht vorhandenes Zahlenverständnis kompensieren konnte. Auch die Bruchrechnung meisterte er durch das Auswendiglernen von Regeln („Zähler mal Zähler, Nenner mal Nenner" etc.) und durch die Beherrschung des kleinen Einmaleins.

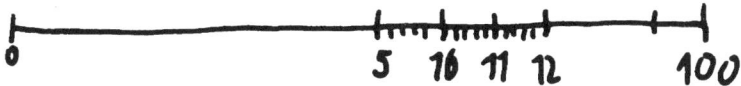

Häufig wird bei Grundschülern lediglich noch erinnert, dass sich am Zahlenstrahl die 5er-Reihe und sehr viele Striche befinden, mehr aber nicht.

Die Hundertertafel

Die Hundertertafel stellt ebenfalls ein Arbeitsmittel dar, das praktisch in jeder 2. Klasse verwendet wird. Inzwischen finden sich in einigen Lehrwerken Erweiterungen auf Tausend („Das Tausenderbuch"), bei dem die zehn Hunderterseiten zusammengefaltet sind. Da trotz der langen Erfahrungen mit diesem Veranschaulichungsmittel der Gebrauch eher unkritisch erfolgt, müssen einige Anmerkungen gemacht werden.

Die ersten 100 Zahlen sind in der Tafel in zehn Reihen mit jeweils zehn Zahlen geordnet. Dies bedeutet aber, dass damit für eine Zahlenraumvorstellung in Form einer linearen Fortschreitung keine Unterstützung angeboten wird. Im Gegenteil: Die Beziehung zwischen Zahlen in Form von Abständen, das heißt von geometrischen Relationen wird hierbei zerstört. Die Zahl 10 ist von der Zahl 11 viel weiter entfernt als von der Zahl 20 oder auch der 30. Halbierungen und Verdopplungen können kaum geometrisch gedeutet und damit in der Vorstellung vorgenommen werden.

1	2	3	4	5	6	7	8	9	10
11	12	13	14	15	16	17	18	19	20
21	22	23	24	25	26	27	28	29	30
31	32	33	34	35	36	37	38	39	40
41	42	43	44	45	46	47	48	49	50
51	52	53	54	55	56	57	58	59	60
61	62	63	64	65	66	67	68	69	70
71	72	73	74	75	76	77	78	79	80
81	82	83	84	85	86	87	88	89	90
91	92	93	94	95	96	97	98	99	100

Dies soll keine abwertende Kritik an dem Veranschaulichungsmittel darstellen. Es handelt sich um ein vorzügliches Medium, mit dessen Hilfe sich
produktive Übungen durchführen lassen. Aber die Vorstellung des Hunderterraumes muss bereits entwickelt sein, bevor dieses Mittel eingesetzt werden kann. Es unterstützt den Aufbau des Zahlenraumes in der Vorstellung
nicht. Daher kommt es häufig zu Fehlvorstellungen von Grundschülern
über die Struktur der Hundertertafel. Sie wissen, dass die Zahlen dort in einer Reihenfolge stehen, es ist aber selbst nach langem Gebrauch keineswegs gesichert, dass sich jeweils zehn Zahlen in einer Reihe befinden, dass
die Einer in einer Spalte identisch sind etc.

Noch einmal zu Vorstellungsbildern bei rechenschwachen Schülern

Was bedeutet dies für die Entwicklung des vorstellungsmäßigen Zahlenraumes im Kopf rechenschwacher Kinder? Nun, Vorstellungsbilder sind keine bildhaften Gedächtnisinhalte, es sind keine Fotografien, die die Schüler aus den Handlungen mit dem Veranschaulichungsmaterial entnehmen könnten. Die Vorstellung spiegelt nicht die Wirklichkeit wider, sondern sie stellt die bildhafte Form des Wissens dar. Mit den visuellen Vorstellungsbildern können mentale Operationen ausgeführt werden. Und gerade dies ist für den Mathematikunterricht wesentlich: Arithmetische Operationen werden in Form von Bewegungen und Veränderungen repräsentiert. Die Vorstellungsbilder von arithmetischen Beziehungen und Operationen geben nicht detailgenau die Handlungen wieder, sie basieren aber auf den Veranschaulichungsmitteln. Allerdings können die verwendeten Materialien die Entwicklung der Vorstellungsbilder lediglich unterstützen, sie können sie aber nicht bestimmen (vgl. DEHAENE 1999).

Die vorgestellten Bilder sind die Prototypen des kindlichen Denkens für die arithmetischen Operationen. Diese Vorstellungsbilder sind häufig vage, unscharf, unpräzise und selten numerisch. Diese Unbestimmtheit macht ihre Kraft bei Problemlöseprozessen aus, da sie hierdurch auf ähnliche Situationen und Gegebenheiten übertragen werden können. Für die meisten von uns ist die Addition mit der Vorstellung verbunden, eine Menge wird vergrößert (wobei die Menge amorph und unscharf bleibt), es wird vermehrt, angeklebt, verlängert, angenäht oder ähnlich. Die Subtraktion wird mit Wegnehmen, Verlieren, Absägen, Abhacken, Abschneiden, Weggeben u. Ä. m. verbunden, die Multiplikation mit wiederholtem gleichem Handeln, mehrfachem Springen etc. Und die Division wird mit Aufteil- oder Verteilhandlungen bildhaft verbunden. Alle diese Vorstellungen sind numerisch unpräzise, aber eben deshalb können sie bei beliebigen Zahlen in unserem Kopf hervorgerufen werden, wenn nur die Handlung für sie passend ist.

Damit es im kindlichen Denken zu den mathematischen Objekten kommt, bedarf es der Aufmerksamkeitsfokussierung auf die Zahlzusammenhänge, die sich während der Handlung verändern. Aus diesem Grunde ist für die Ausbildung von geeigneten arithmetischen Vorstellungsbildern nicht die Handlung mit dem Veranschaulichungsmittel selbst so wesentlich, sondern das Nachdenken darüber. Dieses Nachdenken wird sogar eher angeregt, wenn das Material entzogen wird und wenn stattdessen beschrieben werden muss, wie die unterbrochene Handlung denn fortgeführt werden müsste. In der Arbeit mit rechenschwachen Kindern wird daher häufig mit einem Tuch gearbeitet, unter dem die Handlung ausgeführt wird, oder die Schüler müssen den Fortgang der Handlung sprachlich beschreiben, besser noch aufmalen, ohne dass sie tatsächlich ausgeführt wird. Dies evoziert die notwendigen Vorstellungsbilder (vgl. HENGARTNER 1999).

Der hierin enthaltene Sachverhalt hat weitreichende Konsequenzen für den Mathematikunterricht und die Förderung bei rechenschwachen Kindern. Die schlichte Handhabung des Veranschaulichungsmittels erweist sich als ineffizient. Nicht die Struktur des Objekts steht im Vordergrund, sondern das schnelle Erzielen eines Rechenergebnisses. Die Veranschaulichungsmittel werden nicht für konstruktive Prozesse verwendet, sondern zu häufig und gerade von leistungsschwächeren Schülern als Zählhilfe.

Dies gilt auch für die Hundertertafel, an der die Kinder die einzelnen Felder weiter- oder rückwärtszählen, bis sie auf das Ergebnisfeld tippen. Bei einer solchen Handlung kann eine arithmetische Beziehung als Begriff im Denken nicht entstehen. Diese oft beobachtbare Handhabung der Hundertertafel entspringt durchaus einem pädagogischen Gedanken, nämlich von der Hand über das Auge dem Begriff im Denken zur Entwicklung zu verhelfen. Nur ist dies eben kein Automatismus.

Der Rechenrahmen

verschärft diesen kindlichen Habitus noch stärker. Die einzelnen Kugeln animieren geradezu zum Verschieben einzelner Perlen, ohne über die Gesamtbeziehung reflektieren zu müssen. So kommt es, dass selbst nach jahrelangem Gebrauch einige Kinder nicht erkannt haben, dass sich in jeder Reihe zehn Perlen befinden. Gerade rechenschwache Kinder entdecken lediglich, dass es zumindest viele sind, dicht gedrängt nebeneinander in einer unbestimmten Anzahl von Reihen. Ob dies aber nun 10 oder 8 oder 9 sind, spielt eine untergeordnete Rolle. Wesentlich ist hingegen, dass sie mit den Händen verschoben werden, meist einzeln, bestenfalls bei entsprechenden Aufgaben in Form ganzer Reihen.

Neben der für Kinder „natürlichen" Umgehensweise, die Perlen einzeln zu verschieben und die Strukturen dabei nicht zu beachten, die bei dieser Vorgehensweise auch nicht bedeutsam sind, verhindert dieses Veranschaulichungsmittel auch wesentliche Rechenstrategien. Man versuche selbst einmal, eine einfache Aufgabe wie 27 + 20 am Rechenrahmen zu lösen.

Selbst wenn die Perlen nicht einzeln verschoben werden und damit das zählende Rechnen nicht nur nicht abgelöst, sondern noch unterstützt wird, bleiben die Handlungsmöglichkeiten beschränkt.

Es könnte eine ganze Reihe hinzugefügt werden. Allerdings ist diese Darstellung (2 Zehnerreihen und eine Reihe mit 7 Perlen für die 27, darunter zwei ganze Reihen für die 20) nicht die Darstellung, die Kinder für die Zahl 47 ansehen. Diese Form und die Handlung wird von den Kindern meist nicht akzeptiert.

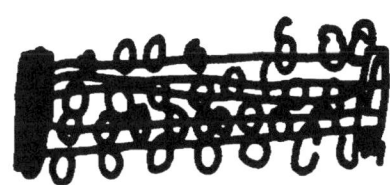

Die häufigste Handlung bei der Aufgabe 27 + 20 ist, die Perlen zu verschieben, die noch auf der dritten Reihe rechts liegen, um dann die noch fehlenden 17 Perlen hinzuzufügen. Die Aufgabe 27 + 20 wird somit gelöst als 27 + 3 + 10 + 7, wahrlich keine günstige Rechenstrategie. Weil aber diese Handlung immer und immer wieder in dieser Form durchgeführt wird, also lediglich die Zehnerergänzung bei Addition und Subtraktion handelnd erfahren wird, bleiben auch durchaus leistungsstarke Kinder bei dieser Rechenstrategie, wenn sie Aufgaben im Kopf lösen. Wir erleben fast täglich, dass Kinder einfache Aufgaben wie 34 + 30 mühsam im Kopf rechnen als 34 + 6 + 10 + 10 + 4 (vgl. Lorenz 1992).

Zur Verwendung unterschiedlicher Materialien

Die vermeintlich kindgerechte Ausgestaltung des Klassenzimmers mit vielen Materialien lässt in einigen Fällen den Raum einer Ausstellungsetage eines Schulmittelverlages gleichen. Das Argument, den Kindern einer Klasse möglichst viele Veranschaulichungsmittel anzubieten, aus denen sie das für sie Entsprechende oder Ansprechendste auswählen könnten, übersieht aber ein wesentliches Moment.

Zum einen stellt die eigenständige Auswahl eines Veranschaulichungsmittels eine kognitive Überforderung dar: Es wird das Ziel mit den Voraussetzungen verwechselt. Erst wenn das Kind viele Materialien in ihrer Handhabung kennen würde, wäre eine Entscheidung für oder gegen eines möglich. In Unkenntnis ihrer Vor- und Nachteile bleibt ihm lediglich die Sympathie für Farbe und Form als Entscheidungsinstanz.

Zum anderen ist aber die gleichzeitige Verwendung mehrerer Materialien insbesondere bei leistungsschwächeren Schülern problematisch. Die Handlungen, die für eine Rechenoperation an einem Veranschaulichungsmittel durchgeführt werden, fallen bei dem nächsten anders aus. Man vergleiche die Handlung für 28 + 30 am Rechenrahmen, am Zahlenstrahl, an der Hundertertafel und den Mehr-System-Blöcken. Die Handlungen sind nicht übertragbar, sie sind grundverschieden.

Überspitzt formuliert lässt sich sagen, dass ein Veranschaulichungsmittel eine Sprache darstellt, mit Hilfe derer arithmetische Beziehungen im Unterricht repräsentiert werden, sie sind ein Kommunikationsmedium. In diesem Sinne muss jedes Veranschaulichungsmittel neu gelernt werden. Handlungen von einem auf andere Materialien zu übertragen beinhaltet Übersetzungsprozesse, die bekanntlich äußerst schwierig sind.

Insofern obliegt es der Lehrperson, sich Rechenschaft über die Stärken und Schwächen eines verwendeten Mittels abzulegen, über seine Erweiterbarkeit über die aktuelle Tagesdemonstration hinaus in größere Zahlenräume und für weitere Rechenoperationen etc. Denn leistungsschwächere Schüler entwickeln Lernprobleme, wenn sie von einem auf ein anderes Veranschaulichungsmittel umlernen müssen (vgl. Lorenz/Radatz 1993).

2.4 Die Bedeutung eigener Konstruktionen für Kinder mit Rechenschwäche

Was als Aufmerksamkeitsfokussierung benannt wurde, die zur Ausbildung mathematischer Begriffe und Zahlbeziehungen notwendig ist, gelingt nicht durch Belehrung. Die intensive eigene Auseinandersetzung mit dem Lerngegenstand, seiner Widerständigkeit gegen Aneignung und seiner Brauchbarkeit oder Beschränktheit ist der zentrale Punkt des Lernens.

Die obigen Beispiele von unzureichender eigener intensiver Befassung mit mathematischen Begriffen, Zusammenhängen und Strukturen durch rechenschwache Kinder und die Ergebnisse neuerer kognitionswissenschaftlicher Studien weisen alle in die gleiche Richtung. Lernen ist ein individueller Vorgang, auch wenn er im Klassenverband stattfindet. Aus gleichem Unterricht entsteht in den Schülerköpfen Unterschiedliches. Die Schüler konstruieren sich ihre Mathematik, sie formen spezifische Begriffe aus und verwenden sie unterschiedlich (vgl. Selter 1994; Selter/Spiegel 1997).

Dies könnte man als Lehrperson so hinnehmen und bestenfalls beklagen, dies wäre aber nicht produktiv. Denn mehr noch wird deutlich, dass Lernen nur stattfindet, wenn sich auch das rechenschwache Kind intensiv mit einem Problem befasst und die eigenen Lösungsversuche mit denjenigen anderer vergleicht, bewertet und zu verstehen versucht, warum jene einen anderen Weg eingeschlagen haben. Dies sind metakognitive Prozesse: Das Nachdenken über das Denken und seine Fehler bei sich und bei anderen. Denn Zahlen und ihre Beziehungen können nicht reibungsfrei von einem Kopf in den nächsten transportiert werden, auch dann nicht, wenn sie mundgerecht in kleine Happen zerlegt und begriffliche Schwierigkeiten ausgespart oder zumindest geglättet wurden (wie es das wenig hilfreiche Stichwort „Isolierung der Schwierigkeiten" nahe legt). Lernen ist immer ein konstruktiver Akt des einzelnen Kindes, auch des rechenschwachen.

Eine Belehrung, die in deutschem Mathematikunterricht häufig die Form des Vormachens – Nachmachens besitzt, trägt zum Verständnis nur selten bei. Sie ist erst dann erfolgreich, wenn das Verfahren, das von der Lehrperson vorgemacht wird, an bisheriges Wissen angebunden und mit ihm vernetzt werden kann. Anderenfalls kann nur imitiert, böse formuliert: unverstanden nachgeäfft werden, aber Zusammenhänge entziehen sich dem tieferen Verständnis.

Insbesondere rechenschwache Schüler, aber nicht nur diese, erweisen sich manchmal als durchaus kompetent, wenn die Aufgaben das schlichte Durchführen von Algorithmen und Verfahren verlangen (weshalb ihre Rechenschwäche auch häufig unentdeckt bleibt), vermögen diese aber in Anwendungssituationen nicht abzurufen. Warum also ein Verfahren entwickelt wurde, welche Problemsituationen damit gelöst werden sollten und welcher Anwendungsbereich damit abgedeckt wird, dies gehört nicht mit zu ihrem Wissen. Daher können sie Fehler auch nicht korrigieren.

In der Arbeit mit rechenschwachen Grundschülern hat sich ein Veranschaulichungsmittel als sehr brauchbar erwiesen, das zwar nicht direkt etwas veranschaulicht, aber dafür von den Kindern in hohem Maße eigene Konstruktionen verlangt. Es handelt sich um den leeren Zahlenstrahl, der in den Niederlanden seit vielen Jahren mit großem Erfolg eingesetzt wird (vgl. KLEIN 1998; MENNE 2001). Sein Aussehen ist eher schlicht:

An diesem leeren Zahlenstrahl (auch „Rechenstrich") stellten die Kinder die Zahlbeziehungen und ihre Rechenwege dar. Da im Vordergrund des (Förder-) Unterrichts die Diskussion über unterschiedliche Rechenstrategien stand, mussten die Schüler Entscheidungen treffen, begründen und argumentieren, warum sie welche Strategie anwenden. Erst dann führen sie diese aus (vgl. LORENZ 1997 ff.).

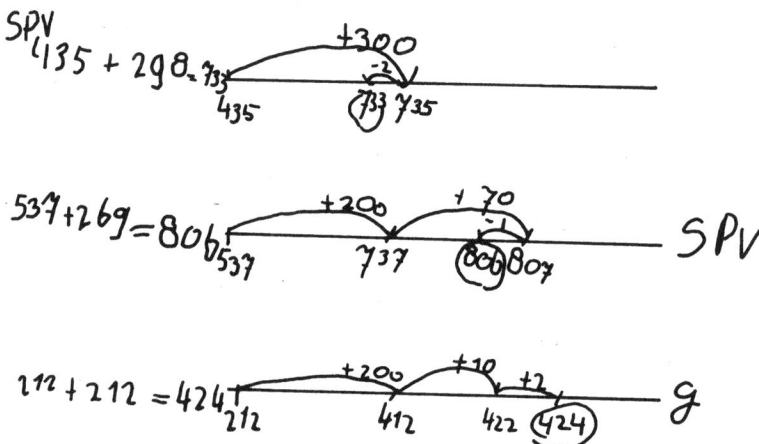

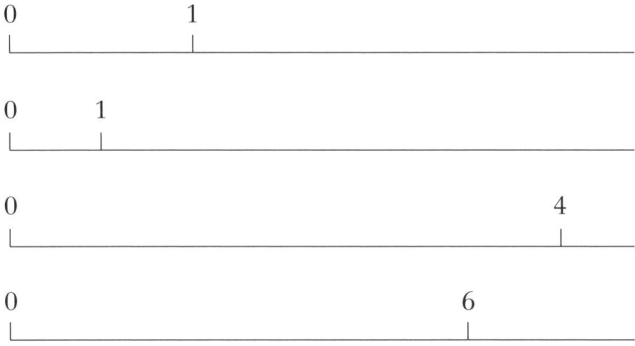

Bedeutsam erscheint zudem die Tatsache, dass mittels dieser Strategien auch Abschätzungen leichter durchgeführt werden können. Die Aufgabe 435 + 298 als 435 + 300 − 2 zu berechnen, wie es die meisten Erwachsenen auch tun würden, gestattet ein schnelles Überschlagen des wahrscheinlichen Ergebnisses. In dieser Weise wird Zahlensinn etabliert.

Natürlich kann in den Förderstunden nicht ad hoc mit diesen konstruktiven Prozessen begonnen werden, sondern eine reiche Vorerfahrung mit Zahlbeziehungen in entsprechend kleineren Zahlenräumen ist notwendig. Es muss betont werden, dass diese eigenen Konstruktionen, das aktive Herstellen von Verbindungen zwischen Zahlen der wesentliche Teil der Förderung rechenschwacher Kindern darstellen sollte.

Die Zahlen haben keine absolute Größe oder Länge, aber wenn die 1 vorgegeben ist, dann lassen sich die anderen Zahlen konstruieren, und wenn die 4 oder 5 gegeben sind, ebenfalls. Die Beziehung zwischen den Zahlen ist das Wesentliche. In unserem Denken können wir unterschiedliche Sichtweisen auf die Zahlen einnehmen, sie haben in unserer Vorstellung keine absoluten, festen Abstände. Die Aufgaben 3 000 000 + 4 000 000 wird in der Vorstellung ähnlich repräsentiert wie 3 + 4 und ist nicht eine Million Mal so groß. Natürlich kann der arithmetische Anfangsunterricht nicht mit dem Zahlenstrahl oder gar mit dem leeren Zahlenstrahl beginnen. Es wird von Mengen ausgegangen. Allerdings wird der kardinale Zahlaspekt für das Denken überschätzt, da wir Zahlen als Längen und Längenbeziehungen in unserem Kopf verankert haben.

▓ Die Zahlbeziehungen als Längenbeziehungen sind auch von rechenschwachen Kindern zu entwickeln. Dies ist das eigentlich Ziel des Unterrichts und der Förderstunden. ▓

Üben als Entscheidungshilfe

Es wäre allerdings eine Illusion zu glauben, rechenschwache Kinder könnten sich leicht zwischen unterschiedlichen Rechenwegen entscheiden und so Zahlbeziehungen und flexible Operationen aufbauen. Eine Diskussion mit Klassenkameraden reicht nicht aus. Es müssen eigene Erfahrungen mit den einzelnen Strategien gesammelt werden, bevor der Schüler eine Bewertung abgeben und eine Entscheidung treffen kann.

Aus diesem Grund ist es notwendig, dass jedes rechenschwache Kind die unterschiedlichen Rechenstrategien auch tatsächlich durchführt. Zuerst muss es Stärken und Schwächen eines Verfahrens kennen lernen, bevor es die gleichen oder ähnliche Aufgaben mit anderen Verfahren untersucht. Erst dann ist eine begründete Auswahl und ein flexibles Einsetzen möglich, und dies bereits in einem kleinen, überschaubaren Zahlenraum (vgl. Abb. auf S. 40; für weitere Beispiele vgl. Lorenz 1997).

Ein weiterer Weg, das Nachdenken über die Rechenstrategien anzuregen, besteht darin, die rechenschwachen Kinder eine Aufgabe auf zwei verschiedene Weisen lösen zu lassen und dann zu entscheiden, welcher von beiden Lösungswegen der bessere sei.

Was bedeutet dieses Vorgehen für den Förderunterricht? Der eigenständigen Konstruktion durch die Schüler wird ein breiter Platz eingeräumt, die Lehrperson erklärt nicht und macht Verfahren nicht vor, sondern diese werden von den Schülern selbst entwickelt.

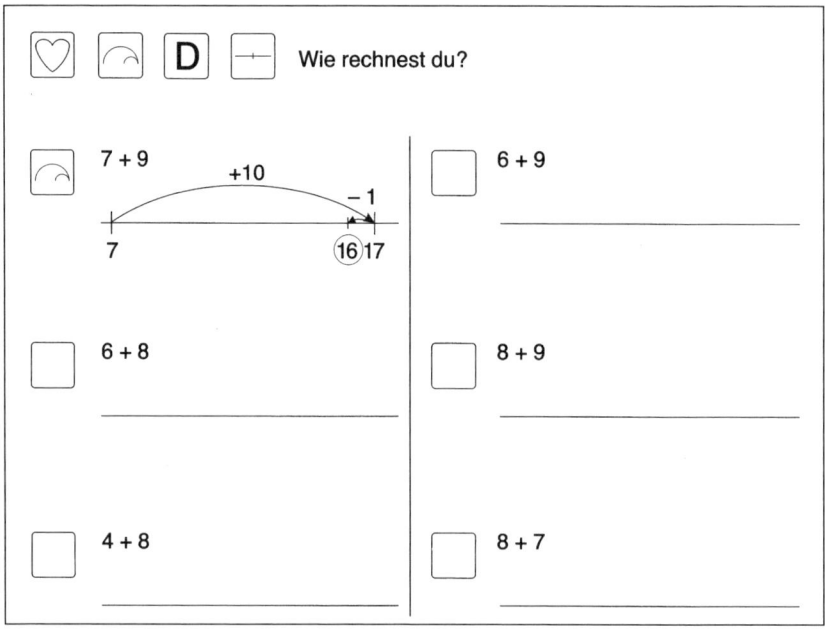

Hierzu bedarf es anregender und problemhaltiger Situationen, die nicht durch schlichte Abarbeitung eines bekannten Rechenverfahrens gelöst werden können. Dies mag aus klassischer Sicht nach *Überforderung* klingen, und das ist es in der Tat auch. Aber nur insoweit wie jedes Problem eine Überforderung darstellt.

■ **Auch rechenschwache Kinder lernen nicht durch Imitation, sondern durch eine Überforderung mit problemhaltigen Aufgaben, die sie ihre eigenen Lösungswege entwickeln, korrigieren und verbessern lässt.** ■

Vordringliches Ziel des Förderunterrichts ist daher, die Rechenoperationen und die Rechenverfahren als Problemlöseverfahren zu verstehen und nicht, deren Automatisierung anzustreben (vgl. WINTER 1987). Es handelt sich um Einsichten über den Geltungsbereich von Lösungsverfahren oder -heuristiken, also um das Erkennen von gleichen oder ähnlichen Strukturen. Strukturen zu erkennen, die in unterschiedlichen Kontexten auftreten und daher gleiche Lösungsverfahren zulassen, ist aber der genuine Gegenstand des Mathematikunterrichts. Hingegen scheinen Rechenstörungen dadurch gekennzeichnet zu sein, dass die Schüler die Sichtweise entwickeln (lernen), dass Mathematik im bloßen Rechnen bestehe. Hierfür gibt es Regeln, die auswendig zu lernen Aufgabe des Schülers sei (vgl. BARUK 1989).

Der genormte Lernweg verhindert gerade das Verstehen von arithmetischen Operationen, denn diese bilden sich im Kopf des Schülers individuell unterschiedlich und bildhaft aus, wenn sie denn glücken. Welche Handlung aber zu welcher Vorstellung der Addition, der Subtraktion oder gar der Division führt, lässt sich nicht vorhersagen und durch keinen wie auch immer präzise geplanten Unterricht determinieren. Gerade rechenschwache Schüler können aus Erklärungen, die ihrer aktuellen Denkweise widersprechen, keinen Nutzen ziehen: Sie akzeptieren die Lehreraussage und versuchen für sich ein neues, meist fehlerhaftes Rechenverfahren zu bilden.

3 Mögliche Störbereiche beim Schüler

Christina

Christina ist 7; 11 Jahre alt und wurde bereits Anfang der zweiten Klasse von der Lehrerin in die Förderung aufgenommen. Christina ist groß, blond und schlank, immer freundlich, dabei aber zurückhaltend und manchmal sogar etwas scheu. Ihre Bewegungen sind schlaksig und nie schnell, auch nicht auf dem Schulhof im Kontakt mit den Klassenkameraden. Während andere Kinder herumtoben, steht Christina meistens beobachtend am Rand. Ihre Mathematikleistungen sind deutlich niedriger als ihre Leistungen im muttersprachlichen Bereich. Dort gelingt ihr das Vorlesen von Texten überdurchschnittlich gut, sowohl bei unbekannten wie eingeübten Worten. Allerdings zeigen sich Probleme beim Abschreiben und Verfassen von Texten, nicht nur in orthografischer Weise, sondern auch bei der Orientierung auf dem Blatt, und dies sowohl beim abzuschreibenden als auch bei von ihr schon geschriebenem Text.

Christina lebt seit über 6 Jahren bei ihren Adoptiveltern. Die frühe Kindheit war in hohem Maße belastend, so dass sich frühe psychische Störungen einstellten. Im Kindergarten beteiligte sich Christina nur selten an den Spielen anderer Kinder, zu Hause waren häufige und starke Stimmungsschwankungen zu beobachten.

Die im muttersprachlichen Bereich beschriebenen Orientierungsprobleme auf dem Blatt zeigen sich auch im Mathematikunterricht:

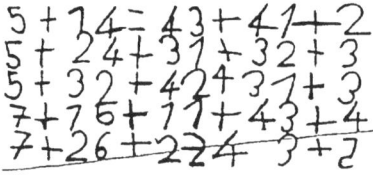

So ordnete Christina eine Aufgabe in ihrem Heft.

Aber so hatte das Arbeitsblatt der Lehrerin ausgesehen:

Beispiel S. 39 ④

$$5 + 1 = 6 \qquad 4 + 4 = \qquad 3 + 4 = \qquad 1 + \Box = 2$$

$$5 + 2 = \qquad 4 + 3 = \qquad\qquad 2 + \Box = 3$$

$$5 + 3 = \qquad\qquad\qquad\qquad 1 + \Box = 3$$

$$7 + 1 =$$

$$7 + 2 =$$

Eigentlich sollten die Aufgaben räumlich in Spalten angeordnet sein. Aber Christina hat sie einfach aneinander reihend abgeschrieben, die Platzhalter und in den meisten Fällen auch das Gleichheitszeichen sind entfallen. Die Rechenoperation selbst hat sie nicht ausgeführt. Versucht Christina, die Operationen zu berechnen, dann verwendet sie in der Regel ihre Finger oder anderes konkretes Material, am liebsten Steine, Plättchen oder Perlen.

Zumindest im Zahlraum bis 20 macht Christina bei der Angabe von Vorgängern und Nachfolgern von Zahlen keine Fehler, lediglich bei der 20 nennt sie als Vorgänger zuerst die 90, korrigiert sie dann aber nach einiger Zeit zu 19 (mündlich) und schreibt 91.

Die Klassenlehrerin fühlt sich unsicher, denn sie hat verschiedene Erklärungen für die Fehler von Christina. Zum einen kann es sich um ein Sprachproblem handeln, um eine auditive Diskriminationsschwäche, die häufig bei Kindern mit Hörschwierigkeiten auftritt. So kommt es nicht selten vor, dass aufgrund der im Mathematikunterricht gezeigten Fehler eine Diskriminationsschwäche und damit eine eingeschränkte auditive Wahrnehmung im Unterricht diagnostiziert wird. Die „19" und die „90" werden von Kindern mit dieser Schwäche leicht verwechselt.

In unserer Beratungsstelle wurde uns ein Kind mit unklarer Symptomatik vorgestellt. Es handelte sich um einen 9-jährigen Jungen mit einem weit überdurchschnittlichen Intelligenzquotienten, der allerdings in Mathematik extreme und für die Lehrerin unverständliche Fehler produzierte. Eine Analyse zeigte sehr schnell, dass das Kind bei schriftlicher Darbietung relativ wenig Fehler machte, hingegen beim mündlichen Rechnen Fehler vollzog, die sich sehr leicht auf die auditive Diskriminationsschwäche zurückführen ließen. Obwohl der Junge bei Schuleintritt medizinisch untersucht worden war, ergab eine erneute audiologische Überprüfung eine hohe Beeinträchtigung der Hörfähigkeit. Nachdem ihm ein unauffälliges Hörgerät angepasst worden war, stieg seine Leistung im Mathematikunterricht sprunghaft an. Dies Beispiel zeigt, wie viele andere auch, dass eine medizinische Überprüfung im Verdachtsfalle immer angezeigt ist. Kein noch so guter Förderunterricht vermag gegen eine Hörschwäche anzukämpfen.

Bei Christina wäre es aber auch möglich, dass sie die Zahl 19 nicht als 9 und 10, sondern als 9 Zehner denkt, was ja dann tatsächlich 90 wäre. Dies würde allerdings voraussetzen, dass Christina über ein Vorverständnis von 90 als 9 Zehnern verfügt, was die Lehrerin ihr nicht unterstellt.

Dass Christina statt der 19 die 91 schreibt, kann wie bei Monika eine Auswirkung des in unserem Sprachbereich schwierigen invertierten Zahlensprechens sein, dass die Zahlen, im Gegensatz zu den Worten, nicht von links nach rechts, sondern von rechts nach links lesen und sprechen lässt. In den Eingangsklassen kommt es bei Kindern mit Richtungsstörungen zu häufigen Fehlern beim Zahlenlesen und -schreiben.

Dies würde aber nicht erklären, warum Christina die Anordnung ihrer Aufgaben auf dem Blatt in der oben abgebildeten Weise wählt. Hier ist es nahe liegender, eine Wahrnehmungsstörung zu vermuten. Die sehr eigenwillige Form, Aufgaben aus dem Schulbuch oder im folgenden Fall von der Overheadfolie der Lehrerin abzuschreiben, deutet eher auf Störungen räumlicher Beziehungen hin.

Zwar ordnet Christina das Datum richtig auf der rechten Seite an, schreibt aber direkt darunter zuerst das „klein A", dann die Buchseite mit der Nummer statt in der umgekehrten Reihenfolge. Hierbei notiert sie statt dem „groß S" die sehr ähnliche 5. Kann es sein, dass sie die Druckschrift „groß S" und die „5" ähnlich abgespeichert hat und ihr daher eine Unterscheidung nicht möglich ist? Insgesamt entspricht die Anordnung auf ihrem Blatt nicht derjenigen auf der Folie. Die Reihenfolgen stimmen nicht überein, es sind Auslassungen vorhanden. Eine alphabetische Reihenfolge wird ebenfalls nicht eingehalten, sie dient Christina offensichtlich nicht als Hilfe (vgl. Abb. auf S. 45).

Ähnlich wie Monika löst auch Christina die Aufgaben zählend, so dass bei ihr die häufigen ±1-Fehler auftreten. Beispielsweise rechnet sie 13 + 4 = 16 abzählend an den Fingern als „13, 14, 15, 16". Da sie aber weiß, dass ihre Lösung häufig um 1 zu niedrig ist, bieten sich für sie zwei Verbesserungsstrategien an. Diese werden auch häufig von anderen Kindern verwendet: Entweder kann Christina zählen „14, 15, 16, 17", wobei dann die letzte Zahl die Lösung ihrer additiven Zählstrategie darstellt. Alternativ könnte Christina auch zählen „13, 14, 15, 16", wobei dann aber als Lösung die

19.9.96

S. 5 Nr. 4

a) $2 + 3 = 5$ b) $4 - 2 = 2$ c) $7 + 2 = 9$

$12 + 3 = 15$ $14 - 2 = 12$

$3 + 4 = 7$ $7 - 3 = 4$

$13 + 4 = 17$ $17 - 3 = 14$

b) $4 - 2 = 2$
$14 - 3 = 12$
$7 - 3 = 4$
$17 - 3 = 14$

$9\ 2 7 + 2 =$

$19\ 99\ 66$

a) $5\ 5\ Ne\ 4$

$2 + 3 = 5$
$12 + 3 = 15$

$3 + 4 = 7$

$13 + 4 = 17$

nächste Zahl, die 17, in Frage käme. Bei Christina kommt es durch die Vermischung beider Korrektur-Strategien zu (überschießenden) Fehllösungen, etwa $6 + 3 = 10$. Sie vermischt beide Strategien, so dass sich nun eine um 1 zu große Lösung einstellt.

Christina zeigt deutliche Schwierigkeiten, bei Worten und Zahlen die richtige Reihenfolge einzuhalten. Da dies nicht nur im auditiven, sondern sehr viel intensiver auch im visuellen Bereich beobachtet wird, vermutet die Lehrerin eine Raumorientierungsstörung, die es Christina erschwert, Reihen als solche zu erkennen (vgl. LOBECK 1992). Denn Christina bereiten nicht nur die Zahlwortreihe, sondern auch das Alphabet Schwierigkeiten, in denen sie die Stellung eines Gliedes innerhalb der Reihe selten zu erkennen vermag.

Die nun in der zweiten Klasse verwendete Ikonisierung des Zehnerüberganges mittels Pfeilen, die auch für andere arithmetische Operationen verwendet werden, stellt Christina vor deutliche Probleme (auf die Problematik der Pfeildarstellungen wird an anderer Stelle eingegangen). Christina vermag mit den Pfeilen wenig anzufangen und verbindet damit keinen Begriff, insbesondere sind sie ihr keine Hilfe. Die Richtung der von ihr durchgeführten Aufgaben stimmt nicht mit der Pfeilrichtung überein.

Die Sportlehrerin berichtet der Klassenlehrerin, dass Christina auch beim Fangen von Bällen Schwierigkeiten hat. Beim Zuwerfen eines Balles verfolgt sie diesen mit den Augen, macht dann aber einen Schritt zur Seite und dreht sich, um den Ball von der Seite zu fangen. Bei diesen Versuchen verfehlt sie allerdings den Ball häufig.

Die Klassenlehrerin vermutet, dass es Christina nicht gelingt, Entfernungen einzuschätzen und motorisch darauf zu reagieren. Die Schwierigkeit des Ballfangens, das die Sportlehrerin für nicht altersgemäß entwickelt hält, kann als eine motorische Schwäche, aber auch als eine Störung der Auge-Hand-Koordination gedeutet werden. Möglicherweise folgt Christinas Auge der Bahn des Balles, die Hand jedoch nicht dem Auge. In Betracht gezogen werden muss auch, dass möglicherweise eine propriozeptive Wahrnehmungsstörung vorliegt, Christina die Stellung der Muskeln und Gelenke am eigenen Körper also nicht ohne Augenkontrolle bestimmen kann. Dies würde natürlich die visuomotorische Koordination beeinträchtigen (vgl. MILZ 1993).

Wie eng diese unterschiedlichen Beobachtungen und diagnostizierten Schwierigkeiten miteinander zusammenhängen, ist der Klassenlehrerin nicht deutlich. Allerdings beobachtet sie fortwährend Christinas Schwierigkeiten im Mathematikunterricht schon bei einer so einfachen Tätigkeit wie dem Abschreiben einer Arbeitsanweisung von der Tafel. So sollten die Kinder in der Klasse von Seite 9 des Buches die Aufgaben 1, 5 und 6 selbstständig bearbeiten, wobei Pfeildarstellungen für den Zehnerübergang verwendet werden sollten. Christina schreibt aber die Aufgabennummer selbst in Form eines Pfeildiagramms, bei dem die Pfeile selbst aber keine Bedeutung enthalten. Es ist bemerkenswert, dass Christina auch hierbei die Reihenfolge „Aufgabennummer und anschließende Klammer" vertauscht. Darüber hinaus kehrt sie nicht nur die Operationsrichtung um, sondern spiegelt auch die Ziffer 5.

Es wird deutlich, dass eine Förderung von Christina sich kaum auf den jeweiligen curricularen Inhaltsbereich beschränken kann und dass das Lesen und Schreiben von Worten oder das Üben von arithmetischen Operationen nicht die alleinige Hilfe darstellt. Es müssen auch jene Fähigkeiten bei Christina aufgebaut werden, die ihr schulisches Lernen ermöglichen. Es handelt sich hierbei um sehr isolierte, einen engen kognitiven Bereich betreffende Störungen, die nicht, und das sei hier betont, mit einer generalisierten Intelligenzminderung verwechselt werden dürfen. Sie sind allerdings so gravierend, dass sie die Schulbiographie von Christina massiv zu beeinträchtigen drohen.

3.1 Diagnostik in den Teilbereichen

Störung der auditiven Wahrnehmung, Speicherung und das Sprachverständnis

Auditive Wahrnehmung und Speicherung

Kinder mit einer Störung im Bereich der *akustischen Wahrnehmung* bestehen zwar problemlos die medizinische Schuluntersuchung, es sei denn, sie leiden an einer gravierenden Hörminderstörung, sie fallen aber im Unterricht durch ihre mangelnde Aufmerksamkeit auf. Aus der Fülle einströmender akustischer Signale können sie die bedeutsamen (Lehrerstimme, antwortende Mitschüler) nicht ausgliedern. Sie zeigen Symptome wie hohe Ablenkbarkeit, Unkonzentriertheit, sie reagieren nicht auf einen Aufruf u. Ä. Dies wird ihnen häufig zu Unrecht als Persönlichkeitseigenschaft, als Charaktermangel nachgesagt. Die Symptome betreffen aber sämtliche Fächer, nicht nur die Mathematik.

Die *auditive Speicherung* wird im Mathematikunterricht verlangt, um Zahlen wie 476 kurzfristig zu behalten oder Aufgaben wie 4 + 7 – 5 im Kopf zu lösen. Bei Textaufgaben, die akustisch dargeboten werden, ist die gesamte Information aufzunehmen, bevor sie bearbeitet werden kann, und bei Arbeitsanweisungen sind die einzelnen Worte zu merken, sonst ist ihr Sinn nicht zu entschlüsseln. Schülerinnen und Schüler mit Schwierigkeiten in diesem Bereich lernen nur sehr schwer die *Bezeichnungen* für mathematische Begriffe, obwohl sie durchaus über den mathematischen Begriff selbst verfügen können. Da im Mathematikunterricht der Grundschule bis zu 500 neue Begriffe eingeführt werden („Mathematik als erste Fremdsprache"), kommen auf diese Kinder Probleme zu. Ein Erkennen der Problematik ist aber möglich, wenn die Unterschiede zwischen sprachlichem Ausdruck und Materialhandlung beobachtet werden.

Sprachverständnis

Um die semantische Grundstruktur eines Satzes oder einer Aussage zu verstehen, bedarf es eines Sprachverständnisses, das auch feine Nuancierungen zu unterscheiden erlaubt. Relevant für den Erstrechenunterricht sind dabei Klassifikationen und Kategorien sowie Beziehungen (nah – fern, kurz – lang), Vergleiche (länger als, kürzer als, größer als, kleiner als, schwerer als, heller als) und räumlich-zeitliche Bestimmungen (auf, über, unter, an, bei, in, vorher, nachher, um, vor, zwischen etc.). Häufig kommt es zu Überforderungen des kindlichen Verständnisses durch sprachliche Konstruktionen, die eine Ursache und Wirkung enthalten (wenn … dann, weil, daher), sowie ein- und ausschließende Beziehungen (alle, manche, keiner, irgendeiner, alle außer, weder ... noch).

Der Mathematikunterricht stellt hohe sprachliche Anforderungen, die deutlich über jenen des muttersprachlichen Unterrichts liegen. Kinder müssen die unterschiedliche Bedeutung der Sätze:

> „Gib mir die roten, runden Plättchen",
> „Gib mir die roten und die runden Plättchen"

verstehen, die mathematisch die Vereinigungs- oder Schnittmenge bezeichnen. Die Formulierungen:

> „Ergänze zu den folgenden Zahlen 100",
> „Ergänze die folgenden Zahlen auf 100"

bedeuten die Addition bzw. die Subtraktion. Sprachverständnisstörungen führen so zu der falschen Operation, ohne dass das Verständnis der Rechenoperationen selbst gestört sein muss.

Bei Textaufgaben scheitern nicht nur rechenschwache Kinder an unbekannten Worten wie „wöchentlich", „einschließlich", „vom Konto überweisen", „Pfand" usw. Und selbst so schlichte Worte wie „mehr" können von den Kindern mit unterschiedlicher Bedeutung unterlegt sein. So verwenden einige Kinder den Begriff „mehr" nicht im quantitativen Sinn, sondern sie bezeichnen damit eine größere räumliche Ausdehnung, so dass zwei große Dinge mehr sind als drei kleine. Eine durchaus verständliche Begriffsbildung, die aber gegen diejenige der Mathematik steht (vgl. Dehaene 1999).

Zu Unrecht wird die Sprachentwicklung als Hinweis für die Intelligenz und damit für die zu erwartenden Schulleistungen im Allgemeinen und in der Mathematik im Besonderen angesehen. Dies bewahrheitet sich lediglich dann, wenn den spezifischen, sprachgebundenen Schwierigkeiten des einzelnen Kindes keine Aufmerksamkeit gewidmet wird.

Störungen im visuellen Bereich

Aus der Tabelle (vgl. S. 25) wird deutlich, dass gerade im visuellen Bereich weitreichende Fähigkeiten unterstellt und gefordert werden. Einige seien beispielhaft beschrieben:

Visuelle Unterscheidung, Gliederung und Gedächtnis

Das Schulbuch und Arbeitsblatt, das Tafelbild und die Handlungen mit dem Material auf dem Tisch erfordern von den Schülern, die graphischen und bildhaften Zeichen sowie das verwendete Material zu unterscheiden und auch dann zu erinnern, wenn es nicht mehr sichtbar ist. Gelingt dies nicht, dann werden die arithmetischen Operationen nicht erkennbar: Den auf dem Tisch liegenden 7 Plättchen ist nicht mehr anzusehen, ob sie aus 5 + 2, 9 – 2 oder 3 + 4 hervorgegangen sind. Und bei arithmetischen Operationen müssen die Teilmengen trotz äußerlicher Ähnlichkeit als verschieden erkannt werden, was nur derjenige kann, der sie vorab visuell gegliedert hat (vgl. Lorenz 1984).

Visuelles Operieren

Wichtiger allerdings für das Lernen arithmetischer Inhalte ist die Fähigkeit, Vorstellungsbilder zu erzeugen und diese in der Anschauung zu verändern (vgl. Lorenz 1992). Der Mathematikunterricht geht davon aus, dass von einem gewissen Zeitpunkt an auf Veranschaulichungsmaterial verzichtet werden kann und muss. Wie sollen aber dann die Schüler rechnen? Die kognitive Entwicklung des Grundschulalters lässt kaum eine andere Denkform als die bildhafte zu, da die Kinder noch nicht sprachlich, und das heißt formal-logisch, denken können. Arithmetische Operationen werden in dieser Altersstufe in Form von Anschauungsbildern gedacht, Schülerinnen und Schüler stellen sich die zugehörige Handlung z. B. an den früher verwendeten Veranschaulichungsmitteln vor (und dies war ja der Sinn ihrer Verwendung). Hierzu müssen sie aber über die Fähigkeit verfügen, sich Bilder vorstellen und diese verändern zu können, denn arithmetische Operationen sind Veränderungen: Hinzufügen, Wegnehmen, mehrfach Ausführen, Teilen. Nicht das statische Erinnerungsbild hilft, sondern das Operieren mit dem Vorstellungsbild.

Erkennen kann die Lehrerin dies, wenn das Kind keine zugehörige Handlung zu einer Rechenaufgabe angeben oder durchführen kann. Dann sind Ziffernrechnung und Begriff voneinander getrennt.

3.2 Störungen durch das Material

Die Veranschaulichungsmittel des Eingangsunterrichts verlangen dem Kind verschiedenene Fähigkeiten ab. So gibt es für jeden arithmetischen Bereich vermeintlich optimale Hilfen, mit denen sich die arithmetische Operation günstig darstellen und somit verstehen ließe. Störungen entstehen dadurch, dass die Schülerinnen und Schüler die mathematische Äquivalenz der Veranschaulichungsmittel nicht erkennen: Die arithmetischen Operationen an den Cuisenaire-Stäben und der Hundertertafel, an den Mehrsystem-Blöcken und dem Zahlenstrahl erscheinen ihnen so verschieden, dass sie diese nicht oder nur mit großen Schwierigkeiten ineinander übersetzen können. Jedes Veranschaulichungsmittel und die Regeln seiner Verwendung müssen neu gelernt werden, sie stellen einen eigenen Unterrichtsgegenstand dar. Was an dem einen Veranschaulichungsmittel galt, z. B. Addition als Springen am Zahlenstrahl, muss beim nächsten keine Gültigkeit haben (an den Cuisenaire-Stäben und den Mehrsystem-Blöcken oder Wendeplättchen gibt es kein Springen). Hinzu kommt, dass bestimmte Materialien für Kinder mit einer in der Altersstufe 6–7 häufig zu findenden Rechts-Links-Störung Probleme aufwerfen, da sie eine ausgeprägte Richtungsbetonung besitzen. So ist am Zahlenstrahl die Addition eine Bewegung nach rechts, die Subtraktion entsprechend nach links. Inversionsfehler, z. B. $15 + 3 = 21$ als $15 - 3$ (Umkehrung der Operation, d. h. Rechts-Links-Vertauschung am Zahlenstrahl) und anschließende Ziffernverkehrung (12 zu 21) sind keine Seltenheit.

3.3 Frühe Hinweise

Je eher Anzeichen nachgegangen wird, die auf eine mögliche (!) Rechenschwäche hindeuten, umso günstiger ist die Prognose. Werden Ursachen erst spät erkannt, dann sind nicht nur die eventuell schlecht entwickelten kognitiven Faktoren zu stärken, sondern auch ein breiter Bereich falsch oder unzureichend aufgebauter mathematischer Begriffe erneut von Grund auf zu bilden. Ein mühseliges Unterfangen für alle Beteiligten. Aus diesem Grund gilt:

> ■ **Die Früherkennung einer Rechenschwäche ist eine der Hauptaufgaben des mathematischen Anfangsunterrichts!** ■

Dies soll allerdings nicht zu einer Überreaktion führen und die Grundschullehrerin nicht dazu veranlassen, jedes kleinste Signal in dieser Richtung zu deuten.

> ■ **Nicht jeder Fehler deutet auf eine Rechenschwäche hin, nicht jeder der folgenden Hinweise unterstellt eine Dyskalkulie. Denn auch nicht jedes Husten zeigt eine Lungenentzündung an.** ■

Hinweise im Vorschulalter bzw. im Einschulungszeitraum

Kinder begegnen in der Schule nicht zum ersten Mal den Zahlen, so wenig wie sie dort zum ersten Mal auf die Schrift treffen. Auch die Notwendigkeit, Zahlen zu addieren oder zu subtrahieren ist keineswegs neu für sie. Schon im Vorschulalter ist feststellbar, ob die ihnen nun im Eingangsunterricht abverlangten Fähigkeiten vorhanden sind.

Visuelles Gedächtnis und Gliederung

Einige Spiele des Vorschul- und Grundschulalters verlangen von den Kindern jene Fähigkeiten, die ihnen auch im Mathematikunterricht abverlangt werden.

Bei **Memory-Spielen** müssen die Kinder eine einmal gesehene Form zu einem späteren Zeitpunkt wiedererkennen, das heißt, sie müssen sie in genau derselben Form als solche von anderen, ähnlichen unterscheiden, die sie auch im Gedächtnis speichern müssen, und ihre Lage im Plättchenhaufen erinnern.

Beim **Puzzle** scheint die Lage insofern scheinbar einfacher, als korrigierendes Ausprobieren möglich ist. Die Kinder können aber mit einer schlichten Versuch-Irrtum-Strategie, indem sie beispielsweise an alle Teile der bereits gelegten Figur ihr aktuelles Teil anzupassen versuchen, kaum ein Puzzle lösen. Vielmehr gelingt es ihnen nur dann, wenn sie sich an möglichst passende, d. h. nicht notwendigerweise richtige, aber fast richtige Anlegelinien erinnern und so den Versuchsaufwand minimieren.

Beim **Bauen mit Klötzen** ist es in der Regel den Kindern überlassen, was sie auftürmen. Im freien Spiel ist daher wenig zu beobachten. Es wird allerdings schon anders, wenn man eine Zielvorgabe macht, etwa eine Figur vorgibt, die es nachzubauen gilt.

Hier lassen sich verschiedene Variationen einführen:
- Aufbauen der Figur vor den Augen des Kindes und anschließendes Verdecken, so dass bei Bedarf wieder nachgesehen werden kann;
- die Figur wird nur einmal aufgebaut, dann eingerissen, und das Kind muss die Figur mit den gleichen Steinen nachlegen;
- die Figur wird unter einem Tuch aufgebaut, das Kind darf die Figur ertasten, aber nicht sehen. Es muss also das visuelle Bild aus dem Ertasteten erst aufbauen;
- dem Kind wird lediglich ein Foto oder eine Zeichnung der Figur gegeben
- und schließlich, als schwierigste Aufgabe, erhält das Kind lediglich Umrisszeichnungen in den drei Raumachsen (Aufsicht, Seitsicht, Frontsicht).

Ähnliche Anforderungen bestehen beim **Nachzeichnen**. Die einfachste Form ist eine Strichzeichnung, die nach Darbietung und dann Entfernung der Vorgabe aus dem Gedächtnis nachgemalt werden muss. Eine Vorstufe in Form einer motorischen Variation besteht darin, dem Kind die Augen zu verbinden und es sich dann im Zimmer, Haus oder Schulgebäude zurechtfinden zu lassen. Eine weitere Möglichkeit ist das Ertasten geometrischer Figuren oder von Objekten ihrer Alltagswelt unter einem Tuch.

> ■ **Deutlich wird, dass die diagnostischen Anforderungssituationen auch gleichzeitig die Fördersituationen darstellen.** ■

Das visuelle Operieren

Nicht nur das visuelle Erinnern, über das viele Kinder dieser Altersstufe noch im Sinne eines fast fotografischen Gedächtnisses verfügen, wird später im Unterricht verlangt, sondern das Operieren mit vorgestellten Inhalten, *das Verändern in der Anschauung*. Zwar kann man nicht mit etwas in der Vorstellung operieren, was sich nicht im Gedächtnis halten lässt, aber beim Verändern des Inhaltes handelt es sich um eine gesonderte und keinesfalls triviale Fähigkeit. Sie lässt sich beim Spielen mit *Lego-* bzw. *Duplo-Steinen*, der *Fischertechnik* etc. beobachten. Hier liegt das Augenmerk auf der planerischen Gestaltung des Objektes, das erstellt werden soll:

- Wie viele Steine einer bestimmten Art benötige ich noch?
- Wie muss die Grundfläche aussehen, damit ich das Oberteil aufsetzen kann?
- Welche Steine müssen weggenommen oder hinzugefügt werden, wenn ich an dieser Stelle etwas ändern möchte?

Es handelt sich um die Fähigkeit, sich in der Vorstellung das Objekt aus verschiedenen Perspektiven anzusehen, es abzuändern, die Änderungen zu verwerfen, neue Steine versuchsweise anzubringen etc., ohne die Handlungen jeweils konkret ausführen zu müssen: Es findet in der Anschauung ein *Probehandeln* statt.

Auch bei *Würfeldrehungen* liegt diese Anforderung vor. Hier kann das Kind durchaus erst die Erfahrungen mit konkreten Handlungen sammeln, den Würfel selbst drehen und die Lageveränderungen beobachten.

Was liegt oben, wenn ich
- den Würfel nach vorne kippe?
- ihn nach links kippe?
- ihn zweimal nach hinten drehe?

- ihn nach vorne und dann nach rechts drehe?
- Liegt die gleiche Seite oben, wenn ich ihn nach rechts und dann nach vorne drehe?

Sprache und verbales Gedächtnis

Im Kindergarten wird dies durch Arbeitsaufgaben, das heißt durch das Ausführen komplexer Anweisungen, erprobt und geübt, aber selten als bedeutsam für die Schulleistung angesehen. Zu Hause fallen Kinder mit diesbezüglicher Störung dadurch auf, dass sie keine Weihnachtslieder und für den anstehenden Geburts- oder Muttertag keine Gedichte auswendig lernen können. Erst in der Schule merken die Eltern dann überrascht Schwierigkeiten beim Einmaleins oder beim Auswendiglernen von Zahlensätzen im Zahlraum bis 20.

Auf die Schwierigkeiten bei Sprachverständnisstörungen wurde bereits oben eingegangen.

Hinweise in der 1. Klasse

Das rechtzeitige Erkennen von Rechenschwierigkeiten ist Aufgabe der Lehrerin, sei es, weil die Eltern die entsprechenden Hinweise aus Unkenntnis nicht zu deuten vermögen und als Eigentümlichkeit ihres Kindes abtun oder weil sie die vorhandenen Defizite zwar wahrnehmen, aber aus Selbstschutz oder Selbstentlastung nicht wahrhaben wollen.

In der Anfangsphase, in der noch außerhalb des Curriculums gearbeitet wird, fallen die kritischen Schülerinnen bzw. Schüler durch ihren **Umgang mit dem Spielmaterial** auf: Es gelingt ihnen nicht, Objekte nach räumlichen Kategorien zu ordnen und zu klassifizieren (liegt vor, hinter, über, neben; ist größer, kleiner, gleich groß; ist rot und rund, viereckig und klein; hat mehr/weniger Ecken als ... etc.), sie können nur in geringem Umfang bildliche Darbietungen im Gedächtnis behalten und später wiedergeben. Ihre Zeichnungen sind nicht altersentsprechend, vor allem die Anordnung auf dem Blatt ist unausgewogen oder wirkt bisweilen bizarr.

Aber nicht nur die Anordnung auf dem Arbeitsblatt, die entgegen der Absicht der Lehrerin eher nach „künstlerischen Gesichtspunkten" ausfällt, weist auf mögliche visuelle Störungen hin. Die Kinder finden nur unter Schwierigkeiten eine eben abgeschriebene oder abgemalte Aufgabe auf ihrer Heftseite wieder, sie fallen dadurch auf, dass sie jedes Mal neu auf der Tafel nach der aktuellen Aufgabe suchen und ihnen die Schulbuchseite wie ein Wimmelbild vorkommt (vgl. den „Fall Monika").

Für die curricularen Inhalte ist es wesentlich, dass die Schüler *Größen-beziehungen* erkennen. Dazu gehört als einfachste Aufgabe, Längen und Abstände zu vergleichen und zu schätzen: Wie viele Bleistifte muss ich noch anlegen, bis ich an der Tischkante ankomme? Wie viele Schritte brauche ich bis zur Tür?

Häufig fallen Kinder auf, die die Operationsrichtung umkehren ($14 - 3 = 17$) oder Zahlen invertiert lesen ($31 - 13$). Zwar geschieht dies auch zuweilen im Erstleseunterricht, doch dort gelingt es dieser Schwierigkeit häufig, über die Erfassung des Kontexts unerkannt zu bleiben. Zudem tritt diese Störung durchaus isoliert im Mathematikunterricht auf, ohne den Schriftspracherwerb zu beeinträchtigen. Im Vorschulalter werden Orientierungen bei der Unterscheidung oben – unten, vorne – hinten und links – rechts verwendet. Während Kindern bei den ersten beiden Paaren im Allgemeinen wenige Fehler unterlaufen, lernen sie die Rechts-Links-Unterscheidung spät und einige fallen noch in der 2. Klasse damit auf. Kinder mit diesbezüglichen Störungen haben häufig noch in der 3. Klasse bei Erzählungen und beim Aufsatzschreiben Schwierigkeiten. Ihnen gelingt es nicht immer, die *zeitlich-räumliche Abfolge* einer Geschichte oder eines Erlebnisses wiederzugeben, sie bringen unzusammenhängende Teile der Geschehnisse in eine solche Reihenfolge, dass ihre Berichte für andere unverständlich und irritierend wirken.

Am Ende des 1. Grundschuljahres verlangen jene Schüler besonderes Augenmerk, die den Zahlraum bis 10 noch nicht automatisiert haben und die Zahlzerlegungen nicht beherrschen. Ebenso muss auf dann noch vorhandene Zählstrategien geachtet werden, da sie sich zu verfestigen drohen und die Ausbildung wirkungsvoller Strategien verhindern.

Hinweise auf Schwierigkeiten in der 2. Klasse

Zu Beginn der 2. Klasse ist auf jene Kinder zu achten, die noch Schwierigkeiten mit dem Zehnerübergang besitzen und entsprechende Verallgemeinerungen ($8 + 5$, $18 + 5$, $28 + 5$ …) nicht vollziehen, da diese noch nicht an kraftvolle Vorstellungsbilder gebunden zu sein scheinen.

Auch Schwierigkeiten bei Bündelungsaufgaben (insbesondere der Zehnerbündelung) weisen darauf hin, dass allgemeinere Fähigkeiten wie Anschauungsprobleme und Handlungsverallgemeinerungen im Sinne eines Abstraktionsvermögens, Handlung-Symbol-Zusammenhang u. Ä. betroffen sein können.

In für den Mathematikunterricht neuem Maße wird in der 2. Klasse das *Gedächtnis* gefordert. Viele Kinder, die bislang unauffällig erschienen, scheitern nun am kleinen Einmaleins. Die Lehrerin wird häufig bemerken, ob das *Kurzzeitgedächtnis* hinreichend ist:

- Das Kind fragt ständig nach, auch wenn die Information kurz und knapp ist;
- es kann im muttersprachlichen Bereich Sätze oder Wortfolgen nicht behalten, so dass sie ihm erneut diktiert werden müssen;
- es kann kurze Geschichten nicht richtig wiedergeben;
- es bereitet ihm überdurchschnittliche Mühe, die kurzen Lieder für den Morgenkreis auswendig zu lernen;
- auch die von ihm selbst vorgelesenen Aufgaben findet es auf der Heft- oder Buchseite nicht wieder;
- es kann sich an einfache Aufgabensätze nicht mehr erinnern, auch wenn es sie vor wenigen Minuten gelöst hat, so dass jede Aufgabe ein neues Problem darstellt;
- es findet seine weggelegten Sachen nicht mehr (Jacke, Bleistift etc.).

Häufig haben aber Kinder, die eine Orientierungsstörung besitzen, ihr sprachliches Gedächtnis außerordentlich gut ausgebildet und wenden es kompensatorisch zu ihren Schwächen an. Dies kommt ihnen beim Auswendiglernen sprachlicher Ketten zugute.

3.4 Beobachtung der Problemlösestrategie

Das schlichte Produkt des Denkvorganges, d. h. die korrekte Lösung so wenig wie der Fehler, liefert hinreichenden Aufschluss über die zugrunde liegenden Denkprozesse, die hierzu geführt haben. Was hat ein Kind gedacht und sich vorgestellt, das auf die Frage „Wie viel ist 10 – 7?" mit „4" antwortet?

(a) Die Antwort „4" kann durch die bei Zählern häufig anzutreffende Vermischung zweier richtiger Zählstrategien zustande kommen:

– Beim Rückwärtszählen wird die Ausgangszahl mitgezählt „10, 9, 8", nicht aber die letzte Zahl (7); Entsprechendes kann beim Vorwärtszählen geschehen, also „7, 8, 9", wobei die 10 nicht mitgesprochen wird;

– die Ausgangszahl wird nicht genannt, hingegen die letzte Zahl: „9, 8, 7", bzw. beim Vorwärtszählen „8, 9, 10", d.h. die Lösung ist in beiden Fällen „3".

Hier zählt aber der Schüler tatsächlich „10, 9, 8, 7", indem er gleichzeitig beide Verfahren benutzt, und erhält so als Lösung (= Anzahl der gesprochenen Zahlen) „4".

(b) Ein Schüler mit Störung der Rechts-Links-Unterscheidung zeigte bei dieser Aufgabe die Zahl 7 (statt 10) mit den Fingern, nahm dann die eine Hand (= 5) weg und ergänzte nochmal die verbleibenden 2 Finger: Ergebnis ebenfalls „4".

Das Ergebnis, ob richtig oder falsch, kann also auf unterschiedliche Weise zustande kommen (vgl. RADATZ 1980). Daher sollten in den mathematischen Förderstunden (und eigentlich, wenn möglich, auch im Unterricht) die Kinder angehalten werden, laut zu denken und auch die Zwischenschritte anzugeben. Dieses Verfahren soll der Lehrerin helfen, das Denken des Kindes zu verstehen. Ihm sollte bei seinen Lösungsversuchen außerdem sämtliches im Unterricht verfügbare Material zur Verfügung stehen und auch weiteres, das von ihm zu Hause benutzt wird oder werden könnte. Die Kenntnis der bevorzugten Veranschaulichungsmittel liefert ebenfalls Hinweise auf die individuellen Strategien und auf wahrscheinliche, mit diesem Material verknüpfte Vorstellungsbilder.

Bei der Verhaltensbeobachtung der Kinder sollten die von ihnen verwendeten Hilfsmittel beachtet werden. Benutzen sie Gedächtnis entlastende Verfahren, schreiben sie sich zum Beispiel etwas auf? Machen sie von sich aus eine Zeichnung, wenn sie glauben, ein Bild nicht behalten zu können? Verwenden sie eine sprachliche Steuerung, ist etwa ein leises Vor-sich-hinsagen zu beobachten, oder ist dies zu vermuten, da die Kinder bei Störungen oder Zwischenfragen leicht in Verwirrung geraten (Lehrerfragen stören häufig mehr, als dass sie hilfreich sind!)?

Es ist daher häufig günstig, für die Ermittlung der Schwierigkeiten ein diagnostisches Schema zu verwenden, wie es auf der nachfolgenden Seite (siehe S. 57) angegeben ist.

Damit zeigt sich genauer, auf welcher Ebene der Schüler Probleme lösen und nicht lösen kann. Erst mit einer solchen Kenntnis ist eine gezielte Intervention möglich.

Ein weiteres Beispiel: Zwei Schüler in einer Klasse rechnen 17 + 4 = 31.
Der erste zerlegt im Kopf die Aufgabe in 7 + 4 und erhält 11; dann kommt die verbleibende 10 hinzu (= 21), allerdings muss irgendwo noch ein Übertrag gemacht werden, also 31.
Der zweite Schüler rechnet aufgrund einer Orientierungsstörung 17 + 4 = 13 (Subtraktion statt Addition) und invertiert das Ergebnis ebenso zu 31.

Während es beim ersten Schüler möglich ist, eine Rückführung der Aufgabe auf entsprechende Handlungen anzuregen, die er je nach Vorliebe an Mehr-System-Blöcken, der Hunderter-Tafel, dem Zahlenstrahl oder dem Rechenbrett vornehmen kann, dürfte der zweite Schüler hieraus kaum Nut-

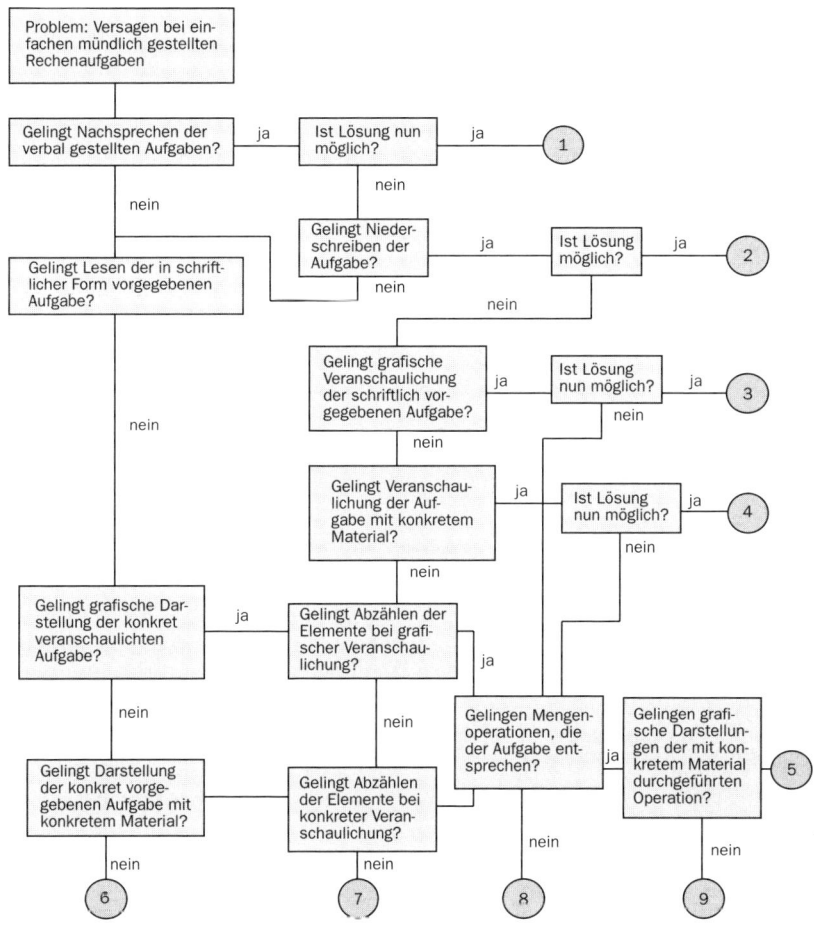

Mögliche Ergebnisse:

1–5: Lösung auf unterschiedlichen Niveaustufen der Aufgabenrepräsentation möglich
6: Überprüfung der Sehtüchtigkeit und Mengeninvarianz erforderlich
7: Erarbeitung des Zahlbegriffs erforderlich
8: Einüben und Unterscheiden verschiedener Mengenoperationen erforderlich
9: Erarbeitung grafischer Repräsentationen verschiedener Mengenoperationen erforderlich

Ablauf von Fragestellungen zur Ermittlung der Wissensbasis für das Lösen einfacher Kopfrechenaufgaben: Leserichtung: „Ja" nach rechts, „Nein" nach unten (KORNMANN/SCHÄFFLER 1989, 92)

zen ziehen. Sein Problem liegt in der Rechts-Links-Störung, die ihn zwar subjektiv richtig rechnen, aber im Sinne des Unterrichts die falsche Operation wählen lässt. Erklärungen, Handlungen am Zahlenstrahl etwa, sind für diesen Schüler wenig hilfreich, da er ja in seiner Vorstellung nach rechts gesprungen ist, und + 4 bedeutet ja an diesem Material einen Sprung nach rechts. Hier sind eher richtungsbetonende Übungen wie z. B. das Nachmalen von Objekten, Zeichnen von Polygonzügen mit sprachlicher Betonung der Richtung etc. (vgl. LORENZ/RADATZ 1993) notwendig. Dieser Schüler benötigt keine weiteren Rechenaufgaben, denn diese hat er, sieht man von dem Orientierungsfehler ab, richtig gelöst. Traktiert man ihn aber mit Rechenübungen, die er fast notwendig falsch, nämlich nach seiner Strategie mit Zahlenverdrehungen und Umkehroperationen löst, dann führt dies zu keinem Lernen, sondern zu Frustration mit allen weiteren negativen psychischen Folgen.

Rechenschwäche zeigt sich also in vielerlei Gestalt, in unterschiedlichen Situationen, bei diversen Gelegenheiten. Und nicht nur bei Rechenfehlern. Erst wenn die besondere Denkweise des rechenschwachen Schülers erkannt ist, können individuell angepasste Maßnahmen eingeleitet werden, die dem Schüler helfen. Nicht immer kann die Lehrerin aber diese Hilfen selbst durchführen, insbesondere bei der Förderung und Behebung von kognitiven Schwierigkeiten und Störungen ist ein Schulpsychologe einzubeziehen. Er vermag eine detaillierte Diagnostik durchzuführen und eine Therapie einzuleiten (aus diesem Grund entfällt an dieser Stelle eine umfangreiche Auflistung der Therapieverfahren, vgl. LORENZ/RADATZ 1993). Aber: Er ist auf die genauen Hinweise und Beobachtungen des Lehrers bzw. der Lehrerin angewiesen. Erst hierdurch ist eine beeinträchtigte bis missglückte Schulbiographie zu vermeiden.

4 Die Fehler von Schülern

4.1 Über den Umgang mit Fehlern

Immer wieder treten im Laufe der Schulzeit Lernprobleme auf, die eng mit dem Verständnis des Stoffes, d.h. mit den Besonderheiten der Rechenverfahren, der arithmetischen Begriffsbildung und der Lösungswege bei mathematischen Problemaufgaben verbunden sind. Sie sind nicht notwendig auf spezifische schülerzentrierte kognitive Defizite zurückzuführen. Sie können, überspitzt formuliert, als „didaktogen", als durch das unglückliche Zusammentreffen einer bestimmten Veranschauungsart, einer bestimmten methodischen Vorgehensweise oder eines didaktischen Prinzips mit den Vorkenntnissen und Lernbesonderheiten eines individuellen Schülers bedingt charakterisiert werden.

Damit ist umgekehrt nicht gemeint, der Unterricht trage notwendig Schuld an dieser Form von Lernschwierigkeiten und hätte durch bessere Planung oder korrekteres, gar kleinschrittigeres Vorgehen vermieden werden können. Bei anderem Vorgehen wären hingegen wahrscheinlich andere Schüler betroffen. Es existieren keine Veranschaulichungsmittel und keine Unterrichtsform, die für alle Kinder gleichmäßig und optimal passen.

Allerdings gehört es zu den Aufgaben der Lehrerin, die didaktogenen Lernschwierigkeiten möglichst früh zu erkennen und den sich anbahnenden Fehlvorstellungen eines einzelnen Kindes entgegenzuwirken. Und diese Aufgabe wiederum kann ihr von außerschulischen Stellen nicht abgenommen werden, da hier ihre genuine Kompetenz liegt. Nur sie kennt ihren Unterricht und seine didaktisch-methodischen Besonderheiten, das verwendete Material, die vorangehenden Schritte im Lernprozess usf. Daher kann sie am besten hier auftretenden Lernschwierigkeiten begegnen.

Auch in den Klassen 3 und 4 fallen die Schülerinnen und Schüler mit Lernproblemen dadurch auf, dass sie Fehler machen. Als oberste Regel gilt (cum grano salis):

> „Schülerfehler im Mathematikunterricht entstehen nur selten zufällig oder durch flüchtiges Verrechnen, ihnen liegt fast immer eine bestimmte Lösungsstrategie bzw. Rechenregel des Schülers zugrunde, die für den Schüler selber sinnvoll ist. Diese Fehlermuster wenden die Schüler bei gleichartigen Aufgaben durchweg systematisch und konsequent an" (LORENZ/RADATZ 1993, 59).

4.2 Die schriftlichen Rechenverfahren und die Fehleranalyse

Im deutschen Mathematikunterricht wird, anders als in vielen anderen Ländern, sehr früh auf die Beherrschung der schriftlichen Rechenverfahren hingearbeitet. Dies geht häufig auf Kosten des zugrunde liegenden Verständnisses, insbesondere zu Lasten der Sachsituationen und der Materialhandlungen, aus denen sie entstehen. Die Rechenverfahren selbst stellen ja Verkürzungen, Schematisierungen dieser Handlungen dar. Zu schnell wird Mathematik aber auf die korrekte Handhabung eines Algorithmus reduziert und dessen Beherrschung als „Verstehen" interpretiert.

Die Kehrseite liegt darin, dass Schüler häufig unter Mathematik eine Form von „Regelspiel" verstehen, das keinen Bezug zur Realität hat, ja sie ignorieren Widersprüche zur Realität schlicht: Mathematik sei eine eigene Welt und habe ihre eigenen Gesetze. Aufgaben in der Mathematik seien danach immer (eindeutig) lösbar, man brauche sie nur zu berechnen. Hierfür benötige man die richtige Regel, eine ausgefeilte Rechentechnik bzw. einen Trick. Unterricht bestehe im Wesentlichen darin, so glauben insbesondere die rechenschwachen Schüler, diese Tricks und Kniffe zu lernen. Mit diesem instrumentellen Verständnis von Mathematik konstruieren sie sich dann ihre eigenen Rechenverfahren, wenn sie die zugrunde liegenden Handlungen nicht verstehen und der Algorithmus im Vordergrund steht. Diese Eigenkonstruktionen von Rechenverfahren, die häufig oberflächliche Korrekturen überdauern, sind in den oberen Klassen der Grundschule meist Ausgangspunkt von sich manifestierenden Lernschwierigkeiten. Die Stärke der richtig durchgeführten Verfahren, ihre universelle Anwendbarkeit und Durchführbarkeit aufgrund des immanenten blinden Automatismus, ist bei Fehlstrategien gerade ihre Krux: Sie sind korrekturresistent.

Daher kommt der Fehleranalyse der schriftlichen Rechenverfahren eine wesentliche Bedeutung zu (vgl. GERSTER 1982, 1984; LÖRCHER 1984).

> „Die Fehleranalyse ist eine hilfreiche und praktikable Methode, die Lernschwierigkeiten einzelner Schüler beim Lösen von mathematischen Aufgaben zu erkennen. Schülerfehler und die ihnen zugrundeliegenden Strategien/Fehlermuster [...] bilden für die Lehrerin einen hilfreichen diagnostischen Informationshintergrund, um gezielt Förder- und Differenzierungsmaßnahmen einleiten zu können" (LORENZ/RADATZ 1993, 59).

Zudem ermöglicht die Fehleranalyse der Lehrerin, ihren eigenen Unterricht kritisch zu überprüfen: Welche Fehlertypen treten gehäuft auf? Welche Fehlermuster beobachte ich nur bei einem oder wenigen Kindern? Sind mir diese Fehler aufgrund meines Unterrichts verständlich (vgl. GAMPER 1983)?

Fehler sind ein notwendig auftretendes Moment in jedem Lernprozess. Sie sind etwas durchaus Natürliches und Nützliches. Allerdings scheint der gängige Mathematikunterricht eher das Ziel zu haben, Schülerfehler auf jeden Fall zu vermeiden. Es grenzt schon an ein Sakrileg, ein falsches Ergebnis an der Tafel stehen zu lassen, bis die Schüler dies selbst bemerken. Damit kann der Unterricht die konstruktive Seite von Fehlern nicht aufnehmen: Über Fehler zu reden, Fehler einzusehen, um Verständnis zu befördern, selbst über fremde Fehler nachzudenken und damit die eigene Denkweise und das richtige Verfahren zu reflektieren.

Im Folgenden sollen einige typische, häufig auftretende Schülerstrategien bei den schriftlichen Rechenverfahren angegeben und mögliche Fördermaßnahmen benannt werden. Natürlich sind es nicht alle Fehllösungen, aber die durchaus gängigen, die im Schulalltag in fast jeder Klasse zu einem Zeitpunkt des Lernprozesses anzutreffen sind. Einige Fehlertypen sind an die Verfahren und die didaktischen Schritte selbst gebunden. Aus diesem Grunde gilt als generelle Prophylaxe, die Einübung der Algorithmen möglichst weit nach hinten zu schieben, soweit möglich und durchsetzbar leichtere Verfahren als die gegenwärtigen Normalverfahren, insbesondere für die Subtraktion, zu verwenden und dafür Kontroll- und Überschlagsrechnungen zu betonen.

Die schriftliche Subtraktion ist inzwischen wieder auf dem Prüfstand, so dass es sich als lohnenswert erweist, bei rechenschwachen Schülern das Abziehverfahren zu erproben, da dies ihrem Verständnis der Subtraktion näher steht, von ihnen leichter durchschaut und selbst entdeckt wird. In Förderstunden kann das Abziehen auch dann angewendet werden, wenn vorher im Unterricht das Ergänzen behandelt wurde.

4.3 Fehlermuster bei den schriftlichen Rechenverfahren und mögliche Hilfen

Im Folgenden sollen einige Fehlermuster benannt und mögliche Hilfen angegeben werden. Es handelt sich hierbei um die gängigen, nicht aber um alle Fehlermuster, die bei Kindern beobachtet werden. Schüler entfalten in der Konstruktion fehlerhafter Strategien eine ungeahnte Kreativität, so dass allein für die schlichte schriftliche Addition in der Literatur 250 (!) verschiedene Fehlermuster identifiziert wurden.

Fehler bei der schriftlichen Addition

Nr.	Beschreibung	Beispiel	Mögliche Hilfen
1.	Fehler beim Einsundeins	17889 + 5403 23391	Wiederholung des Zahlenraumes bis 20, da dieser beim schriftlichen Verfahren nicht überschritten wird.
2.	Multiplikative Verwendung der Null	1788 + 5403 23202	Übung mit der Null im Zahlenraum bis 20; Verdeutlichung mit konkretem Material
3.	Fehler bei unterschiedlicher Stellenzahl	17889 + 5403 71919	Wiederholung und Übung an der Stellenwerttafel; spaltenweise Zuordnung der E, Z, H, T
4.	Addition von links	17889 + 5403 123921	Bündelungsaufgaben; Diskrepanzaufgaben im überschaubaren Zahlenraum bis 20 (100)
5.	Inverse Operation	17889 + 5403 12326	Sprachliche Betonung der Operation bei Additions- und Subtraktionsaufgaben; Überprüfung auf R-L-Störung
6.	Im Ergebnis wird nur der Übertrag notiert	17889 + 5403 11181	Bündelung; Veranschaulichung am Abakus oder Stellenwerttafel und zugehörige Notation
7.	Notation der ganzen Teilsumme	17889 + 5403 11212812	Verdeutlichung der Bündelung und Spaltenschreibweise
8. 8.1	Übertragsfehler Kein Übertrag	17889 + 5403 12282	Verdeutlichung der Bündelung; Handlungen mit Geldwerten
8.2	Kein Übertrag zur 0	17889 + 5403 23282	Verdeutlichung des Rechnens mit der Null bei den verschiedenen Operationen
8.3	Kein Übertrag in die leere Stelle	17889 + 5403 13391	wie 2. und 8.2
8.4	Übertrag in die falsche Spalte	17889 + 5403 122382	Bündelung an der Stellenwerttafel und begleitende Notation

Fehler bei der schriftlichen Subtraktion

Nr.	Beschreibung	Beispiel	Mögliche Hilfen
1.	Fehler beim Einsundeins	7506 – 3825 4581	Wiederholung des Zahlenraumes bis 20, da dieser beim schriftlichen Verfahren nicht überschritten wird.
2.	Multiplikative Verwendung der Null	7506 – 3825 3701	Übung mit der Null im Zahlenraum bis 20; Verdeutlichung mit konkretem Material; Kontrastbeispiele
3.	Fehler bei unterschiedlicher Stellenzahl	7506 – 825 681	Wiederholung und Übung an der Stellenwerttafel; spaltenweise Zuordnung der E, Z, H, T; Kontrastaufgaben
4.	Subtraktion von links	7506 – 3825 4770	Bündelungsaufgaben; Diskrepanzaufgaben im überschaubaren Zahlenraum bis 20 (100)
5.	Inverse Operation	7506 – 3825 11331	Sprachliche Betonung der Operation bei Additions- und Subtraktionsaufgaben; Überschlagsrechnung; Überprüfung auf R-L-Störung; Fehler evtl. bedingt durch Ergänzungsverfahren
6.	Falsche Rechenrichtung („Unterschied")	7506 – 3825 4321	Kilometerzähler als Veranschaulichungsmittel; nicht „Distanz/Abstand" als Vorstellung, sondern Alternativen
7. 7.1	Übertragsfehler Kein Übertrag	7506 – 3825 4781	Verdeutlichung der Bündelung und Spaltenschreibweise; Registerbrett
7.2	Falsche Operation mit Übertragsziffer	7506 3825 5881	Bündelungs- und Entbündelungsübungen; halbschriftliche Verfahren
7.3	Vermeidung des Übertrags („Geht nicht")	7506 – 3825 4001	Handlungen mit konkretem Material, z. B. Geld, und begleitende Notation
7.4	Überträge nur gesammelt im größten Stellenwert	7506 – 3825 2781	Bündelungswiederholung
8.4	Übertrag in die falsche Spalte	7506 – 3825 13781	Registerbrett, Abakus

Fehler bei der schriftlichen Multiplikation

Nr.	Beschreibung	Beispiel	Mögliche Hilfen
1.	Übertragen wird die Zahl, nicht die Ziffer	$371 \cdot 6$ 5826 als $1 \cdot 6 = 6$ $7 \cdot 6 = 42$ $3 \cdot 6 + 40 = 58$	Halbschriftliches Verfahren mit Veranschaulichung und Übergang zu verkürzenden Verfahren
2.	Übertrag wird dem Multiplikanden zugeschlagen	$371 \cdot 6$ 4226	Behalteziffer gesondert notieren; Kontrastaufgaben
3.	Multiplikation von links	$371 \cdot 6$ 1011 oder $371 \cdot 6$ 8310	Hilfspfeil für die Rechenrichtung; Überprüfung der R-L-Orientierung; halbschriftliche Verfahren wiederholen
4.	Falsche Stellenzuordnung	$856 \cdot 27$ 1712 5992 7704	Darstellung am Registerbrett, Stellenwerttafel; Wiederholung der halbschriftlichen Verfahren; Endnullen in Zwischenprodukten; Ordnung auf Blatt/Karopapier
5.	Vernachlässigung der Null	$87 \cdot 402$ 348 _174 3654	Multiplikation mit Zehner-, Hunderter-, Tausenderzahlen; mündliches Rechnen; Distributivität veranschaulichen; Kontrast Addition – Multiplikation
6.	Interferenz bei der Null mit additiver Bedeutung	$87 \cdot 402$ 348 87 _174 35844	Kontrastbeispiel im überschaubaren Zahlenraum; kleines $1 \cdot 1$ mit Null wiederholen (bzw. schon dort benutzen)
7.	Multiplikation über Kreuz	$64 \cdot 28$ 128 _112 1392 durch $64 \cdot 2 = 128$ $4 \cdot 28 = 112$	Rückgang zu halbschriftlichen Verfahren; Hilfspfeil für Rechenrichtung mit angeben lassen
8.	Falsche Stellenschreibweise mit Null-Reperatur	$856 \cdot 27$ 1712 59920 77040	halbschriftliche Verfahren; Geldwerte; Endnullen bei Z, H, T, etc.
9.	Multiplikationsbeginn bei größtem Stellenwert	$327 \cdot 45$ 2892 _3615 32535	Halbschriftliche Verfahren; Überschlagsrechnung
10.	Behalteziffer wird nicht berücksichtigt	$327 \cdot 45$ 1288 _1505 14385	Behalteziffer „mit den Fingern festhalten"; Kontrastaufgaben im überschaubaren Zahlenraum

Fehler bei der schriftlichen Division (Teil 1)

Nr.	Beschreibung	Beispiel	Mögliche Hilfen
1.	Bei Division ohne Rest wird eine 0 an das Ergebnis angehängt	$1731 : 3 = 5770$ $\underline{15}$ 23 $\underline{21}$ 21 $\underline{21}$ 0	Kontrastbeispiele; Stellenwerttafel; Länge des Quotienten (Stellenzahl) vorab bestimmen lassen; Überschlag
2.	Vernachlässigung einer oder mehrerer Nullen	$87058 : 29 = 302$ $\underline{87}$ 05 $\underline{00}$ 58 $\underline{58}$ 0	Division von Tausendern, Zehntausendern; Überschlag; spaltenweise Schreibweise
3.	Nicht hinreichendes Dividieren in den Zwischenschritten (Teilprodukt zu klein)	$510010 : 2 = 2415005$ $\underline{4}$ 11 $\underline{8}$ 3 $\underline{2}$ 10 $\underline{10}$ 010 $\underline{10}$ 0	(das Verfahren ist nicht prinzipiell falsch, allerdings meist in der Schreibweise); Suche nach größtem Vielfachen $<$ Dividend
4.	Divisionsalgorithmus wird nicht abgeschlossen	$91762 : 43 = 213 \text{ R } 17$ $\underline{86}$ 57 $\underline{43}$ 146 $\underline{129}$ 17	Spaltenweise Schreibweise betonen; Heftführung und Schrift beachten

Fehler bei der schriftlichen Division (Teil 2)

Nr.	Beschreibung	Beispiel	Mögliche Hilfen
5.	Fehlerhafte Stellenwertzuordnung der Zwischenprodukte	7288 : 18 = 4398 R 4 72 656 48 176 162 148 144 4	Stellenwertsystem üben; halbschriftliches Verfahren
6.	Schriftliche Subtraktion fehlerhaft	1731 : 3 = 543 R 1 15 13 12 11 10 1	Subtraktion im Zahlenraum bis 20; kleines Einmaleins; Übungen zum Ergänzen
7.	Fehlerhafte Stellenzuordnung bei den Zwischenprodukten	1731 : 3 = 507 R 2 15 2 0 231 21 2	halbschriftliches Rechnen; Stellenwerttafel; Überschlagsrechnung mit Stellenanzahlbestimmung
8.	Null im Quotienten nicht berücksichtigt	2135 : 7 = 35 21 035 35 0	Stellenwerttafel; Geldwerte

Die Grenzen der Fehleranalyse

Eine Durchsicht der Fehler allein hilft in Extremfällen selbst zusammen mit einem tiefen Nachdenken und In-sich-Gehen nicht weiter. Das Kind selbst muss, soweit es kann, Auskunft über die abgelaufenen Denkprozesse geben. So lassen sich die aus unserer Sicht besonders reizvollen, aber leider abwegigen (Fehl-)Lösungsstrategien ohne seine Hilfe nur schwer rekonstruieren.

4.4 Sachaufgaben und ihre Probleme

Sachrechnen hat innerhalb des Mathematikunterrichts einen hohen Stellenwert. Es stellt den Bezug der Arithmetik (und Geometrie) zur Umwelt in mannigfaltiger Weise her. Sachrechnen hat hierbei die Funktion, als eigenständiger Lernstoff insbesondere für Größen, als Lernprinzip und als Umwelterschließung zu dienen (vgl. WINTER 1992). Trotz dieser Anbindung an die Alltagswelt der Schüler, die die Anschaulichkeit erleichtern sollte, stellt gerade das Sachrechnen, stellen die Textaufgaben das Schwierigste im Mathematikunterricht aller Schulstufen dar. Die Gründe für diesbezügliche Lernschwierigkeiten sind vielfältig und bedürfen in jedem Einzelfall einer genaueren Analyse (vgl. RADATZ/SCHIPPER 1983; LORENZ/RADATZ 1993). Wenn rechenschwache Kinder in diesem Bereich versagen, so liegen die sehr unterschiedlichen Ursachen in dem unglücklichen Zusammentreffen der spezifischen Darstellungsform mit den individuellen Besonderheiten des Kindes.

Schwierigkeiten aufgrund der Aufgabendarbietung

Die sprachlich-syntaktische Struktur des Textes, seine Länge und Komplexität überfordern einen individuellen Schüler. Verschachtelte Sätze mit unklarer Gliederung versperren das Verständnis der geschilderten Situation. Es werden unbekannte Wörter oder gar Fachtermini und Redewendungen aus einem für den Schüler unbekannten Bereich verwendet.

Mögliche Hilfen:
● Darbietung in anderer Form, etwa in Form von Bildergeschichten, als Bildaufgaben, durch Tabellen oder Graphiken;
● Nachspielen der Situation in Rollenspielen.

Schwierigkeiten aufgrund der Sachstruktur

Der Schüler ist mit der geschilderten Situation nicht vertraut, die Zugänglichkeit der Sache ist nicht gegeben. Die aus der Erwachsenenwelt entnommenen Begriffe können vom Schüler nicht in einen Kontext eingebettet werden, wie z. B.:

- Abbuchungen vom Konto,
- wöchentliches Sparen.

Die Sachstruktur selbst ist komplex:

- Geschwindigkeiten (Kilometer pro Stunde)
- Preise (€ pro Kilogramm)
- Umrechnungen

Mögliche Hilfen:
Bei Textaufgaben und Sachsituationen die Sache ernst nehmen, d. h. insbesondere nur solche Situationen aufnehmen, die den Kindern hinreichend vertraut sind, andere Bereiche vermeiden oder vorab im Sachunterricht einführen. Dies gelingt insbesondere in fächerübergreifenden Unterrichtsformen, die für die Schüler interessant gestaltet werden können.

Schwierigkeiten innerhalb des Lösungsprozesses

Die Aufgabenstruktur ist komplex (nicht die Sachstruktur!):
- Die Anzahl der erforderlichen Lösungsschritte, d. h. der Teilrechnungen ist hoch.
- Die erforderlichen Rechnungen sind komplex, etwa Division gefolgt von Subtraktion.
- Die Unlösbarkeit der Aufgabe („Kapitänsaufgabe") wird nicht gesehen, so dass sich impulsive oder hilflose Lösungsversuche einstellen.

Mögliche Hilfen:
- Anforderungen behutsam steigern, Komplexität nicht auf beiden Ebenen gleichzeitig erhöhen.
- Frühzeitig, d. h. bereits in der 1. Klasse, mit Kapitänsaufgaben beginnen und Situationen behandeln, die uneindeutig, ambivalent und vielschichtig sind, bzw. mehrere Lösungen zulassen und daher eine höhere Realitätsnähe aufweisen; über die Lösungen und ihre Realitätsnähe im Unterricht sprechen.
- Auch rechenschwache Kinder vermögen die Adäquatheit einer Lösung zu diskutieren, sie zu akzeptieren oder zu verwerfen.

Didaktogene Lernschwierigkeiten

Einige Schwierigkeiten treten auf, weil leistungsschwächere Schüler glauben, sich aufgrund der verwendeten Methodik nicht mit der Sache befassen zu müssen und zu anderen Lösungsschemata schreiten, denn häufig wird

- die Untersuchungsstrategie und die Behandlung der Sache zu frühzeitig vom formalen Rechenalgorithmus abgelöst.
- der Mathematikunterricht als „Regelspiel" aufgefasst, der die Schüler vorschnell auf die Zahlen und deren Verrechnung fokussieren lässt. („Ein 16-jähriger Junge ist 1,60 m groß. Wie groß ist er mit 84 Jahren?" – „8,40 m!")
- eine Sachaufgabe lediglich als Übungsplattform für die gerade behandelte Rechentechnik gesehen. Die notwendige Rechenoperation wird nicht aus der Sachsituation heraus entwickelt, sondern im Kontext des aktuellen Unterrichts gesucht („Es wird in der Textaufgabe der Klassenarbeit schon Multiplikation verlangt sein, wenn die ganze Arbeit über die Multiplikation geht") oder durch die in der Aufgabe verwendeten Zahlen erraten (die Verbindung einer sehr großen mit einer sehr kleinen Zahl ist meist Division, zwei mittelgroße Zahlen werden addiert oder subtrahiert, zwei mittelkleine Zahlen multipliziert etc.).

Mögliche Hilfen:
- Aufgaben mit irrealen Zahlen stellen
- Aufgaben nicht nur als Anwendungen sehen, sondern gleichzeitig die Rechenoperationen mischen
- Unterricht nicht mit Sachaufgaben vorstrukturieren, sondern problemhaltige Sachsituationen vorgeben, in denen vielfältige Berechnungen möglich sind.
- Aufgaben mit überflüssiger Information stellen, so dass eine Auswahl vorgenommen werden muss; auch Aufgaben mit zuwenig Information sind notwendig, für die die notwendigen Informationen erst beschafft werden müssen.
- Komplexe Aufgaben stellen, die verschiedene Fragen und Rechnungen zulassen.
- Zu Texten die rechnerischen Lösungen vorgeben und die zugehörigen Fragen finden lassen.

5 Zurück zu den Kindern: Diagnostik und Förderung

5.1 Förderung bei Monika

Es besteht der Verdacht, dass Monika keine ausgeprägte Hemisphärendominanz besitzt, d. h. dass sie wahlweise die rechte oder linke Hand für Tätigkeiten benutzt, dass sie auf dem rechten Auge dominant ist, aber ihre Füßigkeit ebenfalls unausgeprägt ist. Es wird darüber hinaus vermutet, dass diese Rechts-Links-Diskriminationsstörung, die nicht notwendigerweise mit sprachlichen Fehlbenennungen einhergehen muss, für das Umdrehen von Ziffern und von Rechenoperationen verantwortlich sein könnte. Aus diesem Grunde wird mit Monika eine Förderung der Lateralität und ihres Körperschemas durchgeführt. Um dies abwechslungsreich für Monika zu gestalten, werden verschiedene Bereiche angesprochen:

- Benennen und Zeigen von Köperteilen, z. B.
  - „Lege deine rechte Hand auf dein linkes Knie."
  - „Halte mit deiner linken Hand deine rechte Fußspitze fest." u. Ä. m.
- Bewegungen nachahmen, wobei Monika vor der Lehrerin steht und beide zusammen in einen Spiegel schauen, so dass Monika ihre Bewegungen kontrollieren kann.
- Bewegungen nachahmen, wenn Monika der Lehrerin gegenübersteht. Dies verlangt von ihr, die Orientierung umzudrehen, denn sie ist nicht das Spiegelbild, sondern soll z. B. die rechte Hand zum Kopf führen, wenn dies auch die Lehrerin tut (im Spiegelbild wäre es die linke Hand).
- Erkennen der Seitigkeit auf Bildern, z. B.
  - „Wer steht rechts von …?"
  - „Wer steht in der Mitte?" etc.
- Spiele, die die Seitigkeit und die Raumorientierung betonen, wie etwa „Differix", „Schau genau" und ähnliche. Hierbei lernt Monika, „einzelne Figuren genau zu beachten und zu durchgliedern" (GRISSEMANN und WEBER 1990, 102).
- Einfache und immer komplexer werdende geometrische Muster nachzeichnen.

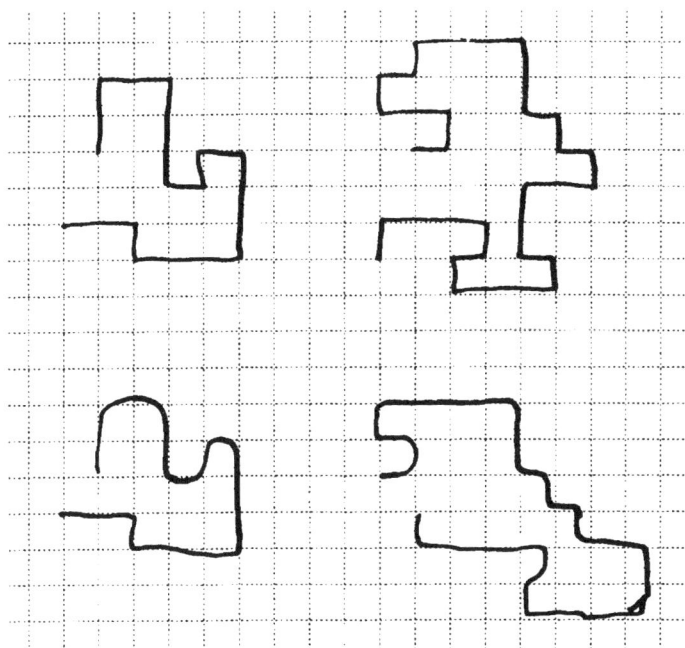

Bei komplizierten geometrischen Figuren zeigen sich bei Monika häufig Fehler, die aber nicht unbedingt auf Störungen der Raum-Lage-Beziehung oder Rechts-Links-Orientierungsstörungen zurückzuführen sind. Vielmehr stoßen komplexe Bilder auf graphomotorische Schwierigkeiten, die aber altersbedingt nicht ungewöhnlich, sondern vielmehr zu erwarten sind.

Wenn Monika Bilder aus dem Schulbuch nachmalt, und sie malt im Übrigen sehr gerne, dann entstehen häufig immer wieder ähnliche Tiere, Bäume oder Gebäude. Bei Monika lässt sich beobachten, was für viele Kinder zutrifft, dass sie zeichnerisch ausprobiert haben, welche Form ihnen gut gefällt. Diese wiederholen sie unaufhörlich. Es kann bei Monika vorkommen, dass sie 10 Bäume auf das Zeichenblatt malt, die alle gleich aussehen. Dies bedeutet aber, dass sie keinen diagnostischen Aufschluss über Monikas Fähigkeiten liefern, es lässt sich lediglich der ästhetische Eindruck verwerten.

Aus diesem Grunde versucht die Lehrerin in der Förderung von Monika, zu Beginn einfache, dann aber zunehmend kompliziertere Graphen und Polygonzüge nachmalen zu lassen, die keine Bedeutung transportieren. An ihnen lässt sich aber sehr viel leichter die Störung in der Wahrnehmungsgliederung und in der Orientierung bestimmen und gleichzeitig fördern.

Die curriculare Förderung von Monika bereitet einige Schwierigkeiten. Inzwischen hat sich ihr zählendes Rechnen so weit verfestigt, dass es von beiden Seiten enormer Anstrengung bedarf, dieses aufzubrechen. Die Lehrerin versucht, den dekadischen Aufbau mit Hilfe der Mehr-System-Blöcke zu stärken und Monika zu Analogiebildungen anzuregen. Die Lehrerin scheut, den Zahlenstrahl zu verwenden, weil sie meint, Monikas Schwierigkeiten im Bereich räumlicher Beziehungen würden dies noch nicht zulassen.

Wenn nun aber bei Monika eine solche Problematik in der Raumlage-Wahrnehmung vorliegt, die sich bei ihren Zeichnungen zeigt, dann könnte dies auch Schwierigkeiten bei der gliedernden Mengenauffassung zur Folge haben, die zu den Symptomen der Rechenschwäche führen. So sieht GERSTER (1997, 175) die Ursachen und Folgen des Hängenbleibens am zählenden Rechnen in mehreren Faktoren, die auch bei Monika zu beobachten sind:

- Schwierigkeiten bei der gliedernden Mengenauffassung
- unzureichende Vorstellungsbilder für Zahlen und Rechenoperationen
- fehlende Vernetzung der Basisfakten
- zählendes Rechnen
- unzureichende Einsicht in die Zehner-Einer-Struktur
- Ziffernvertauschung
- fehlende Abrufbarkeit der Basisfakten
- Schwierigkeiten mit Textaufgaben

Beobachtungen in den Förderstunden mit Monika

Da Monika offensichtlich Schwierigkeiten hat, Größenbeziehungen und Raumlage-Beziehungen zu erkennen und zu verwerten, konzentrieren sich die Förderstunden hierauf. Die Lehrerin macht Übungen auf dem Karopapier, auf dem Monika nach Diktat Strichzüge zeichnen muss („4 Kästchen nach unten, 2 nach rechts …").

Bei Übungen mit Spirolateralen auf Kästchenpapier, aber auch auf isometrischem Papier wählt Monika selbst drei Zahlen, die sie dann in geometrische Figuren überträgt. Sie beachtet die Konstruktionsvorschrift, immer eine entsprechende Anzahl von Kästchen weiterzugehen, sich dann nach rechts zu drehen, die nächste Zahl zu wählen, um die Kästchenanzahl nach vorne zu gehen, sich wieder nach rechts zu drehen etc. Es ergibt sich dann das folgende Bild (vgl. Abb. auf S. 73).

Anfangs dreht Monika immer das Blatt, um in der vorgegebenen Richtung weiterzuzeichnen. Sie geht die Kästchen „von sich weg", bevor sie das

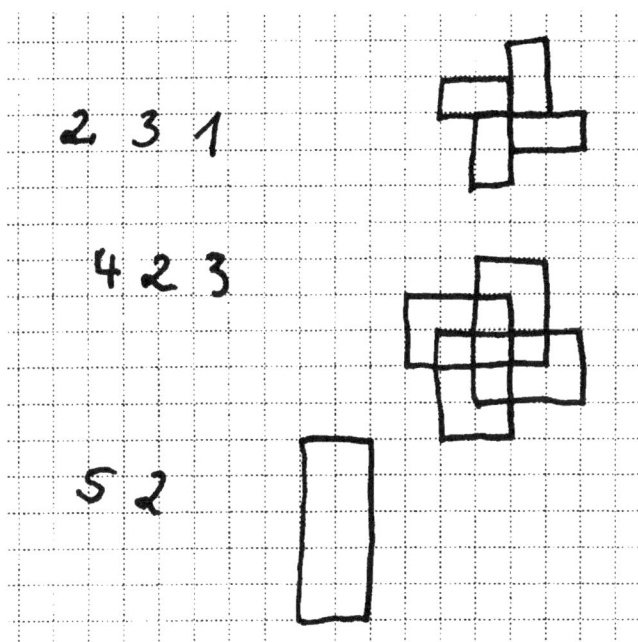

Blatt erneut um 90 Grad dreht. Da ihr diese Übungen sehr viel Freude zu be-reiten scheinen, wird diese Übung häufig eingesetzt. Monika gewinnt selbst Interesse daran, mit verschiedenen Zahlen zu experimentieren und die da-bei entstehenden Figuren zu untersuchen.

Bei Übungen mit dem eigenen Körper, wobei ähnlich wie bei den Spiro-lateralen Schritte im Klassenraum oder auf dem Schulhof mit ihr gemacht werden, geht Monika die Schritte ab, dreht sich, um dann die nächsten Schritte zu machen usw. In einem fortgeschrittenen Stadium besteht Moni-kas Aufgabe auch darin, im Voraus zu bestimmen, wo sie nach einer be-stimmten Schrittzahl bzw. einer bestimmten Anzahl von Drehungen enden wird.

Hierbei muss Monika Größenbeziehungen am eigenen Körper mit dem abgeschrittenen Weg in Beziehung setzen, insbesondere verlangt die Leh-rerin von ihr, Verdopplungen und Halbierungen in der Vorstellung vorzu-nehmen.

Anfangs zeigt es sich, dass Monika von sich aus nicht die Unterstützung des Karopapiers in Anspruch nimmt. Das Gitter scheint für sie mehr oder weniger bedeutungslos zu sein. Es stellt für sie keine natürliche Hilfe dar. Erst als die Lehrerin sie immer wieder dazu ermuntert, auf die Karoanzahl und die Längenbeziehungen zu achten, treten Verbesserungen ein. Zwar ähneln die von Monika fortgesetzten Muster durchaus der Anfangsfigur, altersgemäß erscheinen sie aber nicht.

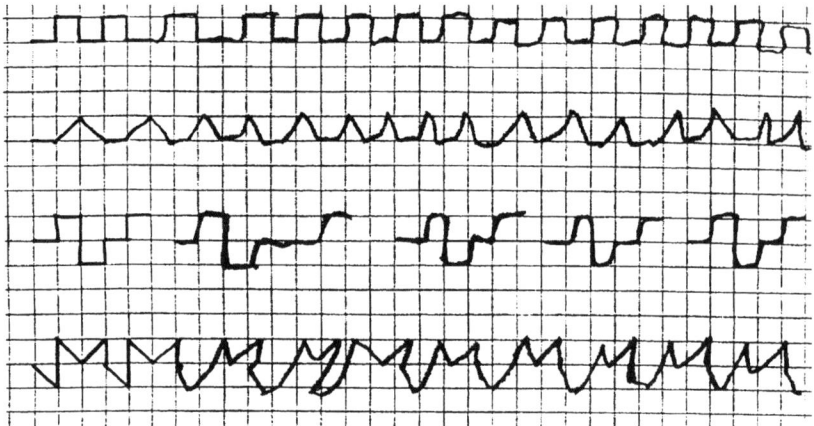

Die anfangs erschreckenden Leistungen von Monika beim Nachzeichnen bedeutungsleerer Figuren zeigen sich auch in den Förderstunden. Die Lehrerin verwendet hier das Programm von MARIANNE FROSTIG zur visuellen Wahrnehmung, bei dem Monika zunehmend Fortschritte macht. Immer sicherer und mit geringerer Fehlerquote macht sie sich an die Aufgaben. Nur manchmal unterlaufen ihr noch falsche Striche, die sie dann zu korrigieren vermag. Das auf Seite 75 abgebildete Beispiel zeigt Monikas Lösung nach einigen Wochen Förderunterricht (unterer Teil; der obere Teil stellt die Vorlage dar; Original in DIN A4).

Aufgrund der in den Förderstunden durchgeführten Übungen gelingt es Monika immer besser, die Seitigkeit am eigenen und fremden Körper wahrzunehmen, sogar Spiegelungen vorzunehmen und die Orientierungen von Objekten und ihre Lagebeziehungen untereinander anzugeben.

Zu einem späteren Zeitpunkt der Förderung ist sie durchaus in der Lage, mehrperspektivische Darstellungen von Objekten vorzunehmen, d. h. sie aus unterschiedlichen Richtungen zu beschreiben, wenn diese dreidimensional vor ihr aufgebaut sind. Die Interpretation (zweidimensionaler) Bilder oder Fotografien gelingt ihr hingegen anfangs schlecht, und nur mühsam ist eine Verbesserung zu beobachten.

Diese Steigerung der Fähigkeit in der Wahrnehmung als auch in der Vorstellung, die während der ganzen Förderbemühungen betont werden, führen auch dazu, dass in dem von Monika überschaubaren Zahlenraum Beziehungen zunehmend besser konstruiert werden.

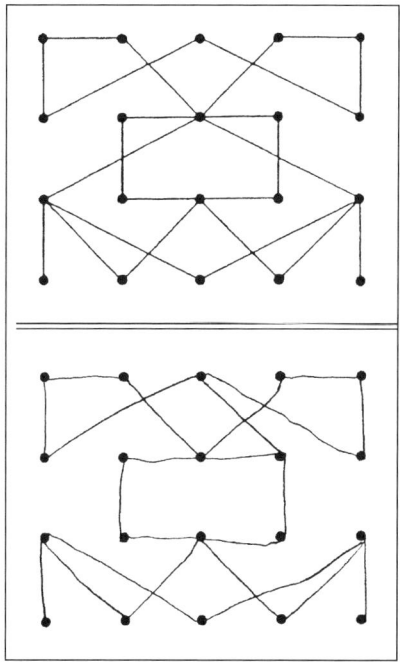

Aufgrund der beobachteten Rechts-Links-Diskriminationsschwäche mit der Zahleninvertierung lässt die Lehrerin Monika mit den Mehr-System-Blöcken arbeiten. Allerdings wird die Rechts-Links-Orientierung auch in den Handlungen penibel beachtet, d. h. die Zehner-Stangen hat Monika immer links zu legen, die Einer-Würfel legt sie auf der rechten Seite ab. Außerdem wird die Lage der Stangen und Würfel sowie die Ziffernschreibweise der Zahlen dadurch unterstützt, dass die Lehrerin auf Monikas linken Handrücken ein großes blaues „Z" (= Zehner) malt, auf den rechten Handrücken ein großes schwarzes „E" (= Einer), wie es den Farben des Materials entspricht.

Die Mehr-System-Blöcke sind, im Gegensatz zu vielen anderen Veranschaulichungsmitteln, zwar lageunabhängig und können in beliebiger Anordnung auf dem Tisch vor dem Kind liegen. Bei Monika empfiehlt es sich aber aufgrund ihrer R-L-Schwäche, eine orientierte Handlungsdurchführung vorzuschreiben. Damit kann Monika selbst kontrollieren, ob ihr die Übersetzung der Materialhandlung in die Ziffernschreibweise orientierungstreu gelingt. Die von der Lehrerin eingesetzte farbliche Unterstützung wird anfangs auch für die Zahlennotation verwendet, indem Monika die Zehner blau und die Einer schwarz schreiben muss (dass die Einer-Würfel weiß sind und nicht schwarz, stellte Monika vor kein Problem). Das Schreiben der Zahlen mit unterschiedlichen Farben und der dadurch notwendige Wechsel der Buntstifte ist nur anfangs mühsam, erscheint der Lehrerin aber notwendig, um der R-L-Orientierungsstörung entgegenzuwirken. Monika nimmt diese memotechnische Hilfe schnell an.

Nachdem Monika mehrere Stunden lang mit dem Material arithmetische Aufgaben gelegt und Addition und Subtraktion ohne Zehnerübergang durchgeführt hat, versucht die Lehrerin, sie vom zählenden Rechnen abzubringen. Die Lehrerin zeigt Monika nur für wenige Augenblicke das Material und fordert sie auf anzugeben, wie viele Würfel und Stangen es waren. Hierdurch versucht sie, die Simultanerfassung von kleinen Anzahlen einerseits zu fördern, andererseits aber auch Monika anzuregen, diese bislang ungenutzten Fähigkeiten zu verwenden. Zudem versucht sie, eine Strukturierung des Hunderterraumes für Monika vorzubereiten.

Monika kann sowohl bei den Einern als auch bei den Zehnern bis zu der Anzahl von 5 ohne abzuzählen sehen, was ihr vorgelegt wurde. Hierbei verkürzt die Lehrerin zunehmend die Präsentationsdauer. Allerdings verwendet die Lehrerin eine weitere Unterstützung, indem sie die Stangen und Würfel auf ein gemaltes Feld mit Fünferunterteilung legt, ähnlich dem Hunderterfeld (nicht der Hundertertafel!). Dadurch gelingt es Monika sehr schnell, auch Anzahlen im Bereich von 6 bis 10 simultan zu erfassen, wobei sie sich an die Fingerdarstellung von Zahlen erinnert. Auch diese haben eine Struktur, bei der die 5 eine wesentliche Rolle spielt.

Bei Monika war anfangs, wie bei vielen Kindern, zu beobachten, dass bestimmte Kenntnisse und Fähigkeiten zwar vorhanden sind, von ihr aber nicht genutzt werden. So kann sie sofort und ohne nachzudenken mit den Fingern die Zahl 8 zeigen, sie verbindet aber diese Darstellung nicht mit der Aufgabe 5 + 3. In den Förderstunden versucht die Lehrerin, genau diesen Aspekt der Zahlzerlegung unter besonderer Berücksichtigung der „Kraft der 5" bei Monika zu wecken.

Unter Verwendung der Fünferstruktur gelingt es Monika sehr schnell, sämtliche gelegten Anzahlen bis 100 sofort zu sehen, simultan zu überblicken. Führt Monika hingegen arithmetische Operationen mit dem Material selbst handelnd durch, dann ist es wesentlich schwieriger, das zählende Vorgehen zu unterdrücken. Monika legt die Zehner-Stangen und Einer-Würfel einzeln hinzu bzw. entfernt sie und greift damit auf ihre alte, zählende Vorgehensweise zurück. Anfangs scheint es sogar, dass Monika den Zählvorgang durch das betonte Vorgehen in einzelnen Schritten bekräftigt. Die Lehrerin geht aus diesem Grunde dazu über, Monika in den Förderstunden nicht mehr selbst die Handlungsschritte durchführen zu lassen, sondern diese werden von der Lehrerin stellvertretend und in einem Zug durchgeführt. Monika kann die Handlung lediglich in der Vorstellung rekonstruieren, was ein zählendes Vorgehen mühsam und unwahrscheinlich macht.

Übertragungen von selbst oder stellvertretend durchgeführten Handlungen auf die symbolische Repräsentationsebene gelingen Monika problemlos. Werden ihr allerdings nur schriftliche Aufgaben vorgelegt, dann nimmt sie keine Übersetzung von sich aus in Handlungen vor, sondern versucht, lediglich auf der Zeichenebene verbleibend die Aufgabe zu lösen. Analogien treten bei diesem Vorgehen für sie nicht hervor, Monika fällt sehr schnell wieder in das Zählen zurück. So weiß sie zwar, dass 12 + 3 = 15 ist, verwendet aber diese Kenntnis nicht dazu, 22 + 3, 32 + 3 oder 52 + 3 zu berechnen. Dies ändert sich, wenn die Lehrerin stellvertretend für Monika die Handlung durchführt und eine unterschiedliche Anzahl von Zehner-Stangen (sehr kurzfristig) vor sich hinlegt. Aus diesem Grunde geht die Lehrerin auch verstärkt dazu über, die Handlungen nicht offen durchzuführen, sondern unter einem Tuch versteckt oder von der Hand abgedeckt zu vollziehen. Anderenfalls wäre immer der Anlass zum zählenden Vorgehen gegeben.

Da bei Monika auch am Anfang der Förderung der Zahlraum bis 10 bzw. 20 nicht sicher ist, beginnt die Förderstunde jeweils mit einer kurzen Kopfrecheneinheit. Das automatisierte Beherrschen der Zahlzerlegungen im Zahlenraum bis 10 ist für Additions- und Subtraktionsaufgaben mit Zehnerübergang notwendig, d. h. bereits im Zahlenraum bis 20. In dem in der Klasse anstehenden Zahlraum bis 100 stellen sie eine grundlegende Fertigkeit für sämtliche Kopfrechenstrategien dar.

5.2 Beobachtung und Förderung bei Xhaver

Xhaver ist Kosovo-Albaner und lebt seit 4 Jahren zusammen mit seinen Eltern in Deutschland. Geschwister hat Xhaver keine. Er besucht die zweite Klasse einer Grundschule, und seine Lehrerin beobachtet mit zunehmender Besorgnis eine stetig abfallende Leistung in Mathematik, die sich schon zu einer eklatanten Lernschwäche ausgeweitet hat.

Xhaver weist zu diesem Zeitpunkt keine Sprachschwierigkeiten mehr auf, so dass diese auch nicht für seine unterdurchschnittliche Leistung im arithmetischen Bereich verantwortlich sein könnten. Allerdings war in der Vergangenheit aufgrund der politischen Situation in seinem Heimatland die Familienatmosphäre belastet, da Eltern und Großeltern zur Opposition gehört hatten und einer Verfolgung ausgesetzt waren.

Um einen genaueren Überblick über Xhavers Leistungsstand zu erzielen und nicht nur der subjektiven und damit vielleicht verfälschten Wahrnehmung zu vertrauen, führte die Lehrerin mit Xhaver den DBZ1 durch. Dieser

Test gestattet es, bestimmte typische Fehler aber auch Fähigkeiten im Zahlenraum bis 20 zu diagnostizieren. Ein über diesen Zahlenraum hinausgehendes Verständnis konnte die Lehrerin Xhaver nicht unterstellen und vermutete, dass er bereits in diesem eingeschränkten Zahlenraum sehr viele Fehler produzieren würde.

Tatsächlich machte Xhaver in dem Test eine Reihe von Fehlern, sowohl bei mündlich gestellten Aufgaben (m) als auch bei schriftlich gestellten Aufgaben (s). So zum Beispiel:

$$12 + 5 = 16 \text{ (m)}$$
$$6 + 13 = 18 \text{ (m + s)}$$
$$7 + 8 = 14 \text{ (s)}$$

> Es ist nahe liegend, dass Xhaver diese „1-Fehler" aufgrund einer Vorwärtszählstrategie erzielte, wobei der Auszählprozess schon beim ersten Summanden und damit um 1 zu früh einsetzt (vgl. auch den Fall Monika). Ob Xhaver allerdings eine elaboriertere Zählstrategie verwendet und bereits beim größeren Summanden zu zählen beginnt, kann dieser Test nicht erfassen. Unabhängig davon ist aber die von ihm verwendete, zu früh beginnende Zählstrategie immer mit dem Fehler „1" behaftet.

Aber auch andere Fehler unterlaufen ihm:

$$8 + 8 = 17 \text{ (m + s)}$$
$$9 + 3 = 13 \text{ (s)}$$
$$5 + 12 = 18 \text{ (s)}$$
$$3 + 9 = 13 \text{ (s)}$$

> Diese Fehler lassen sich erklären, wenn man Xhaver unterstellt, dass er, ähnlich wie bei Monika zu beobachten, zwei richtige, seine fehlerhafte Strategie korrigierende Abzählverfahren zu einer falschen vermischt. Allerdings würde man vermuten, dass er dies während der gesamten Dauer des Tests beibehält, was er aber offensichtlich nicht tut.

Auch bei Xhaver werden typische Fehler mit der Null im Test diagnostiziert:

$$18 + 0 = 0 \text{ (m)}$$
$$13 + 0 = 0 \text{ (m)}$$
$$20 + 0 = 0 \text{ (m+s)}$$
$$0 + 10 = 0 \text{ (m)}$$
$$10 + 0 = 0 \text{ (s)}$$

> Bei der Null handelt es sich insofern um eine schwierige Zahl, als Kinder mit ihr häufig die Vorstellung des „Nichts" verbinden. Mit „Nichts" kann man natürlich auch nicht rechnen und es kommt auch nichts heraus. „Nichts führt zu nichts".

Eine zweite Möglichkeit, die bei älteren Kindern in Betracht käme, wäre die multiplikative Verwendung der Null. Es ist zwar selten zu beobachten, dass bei Additionsaufgaben die Multiplikation verwendet wird, wohingegen häufig von Kindern auf eine früher liegende Operation ersatzweise zurückgegriffen wird, also statt der Multiplikation die Addition Verwendung findet. Da Xhaver aber in seiner bisherigen Schullaufbahn die Multiplikation noch nicht behandelt hat, ist ein solches fehlerhaftes Vorgehen unwahrscheinlich.

Als dritte Möglichkeit kann ein Perseverationsfehler in Betracht gezogen werden. Dies heißt, dass bestimmte Ziffern oder Zahlen innerhalb einer Aufgabe eine so starke Kraft ausüben, dass sie wiederholt und insbesondere im Ergebnis vorkommen. So könnte die Null aus der Aufgabe in das Ergebnis übertragen und andere Ziffern dabei von Xhaver vernachlässigt werden. Dagegen spricht allerdings, dass ähnliche Perseverationen bei anderen Aufgaben nicht aufgetreten sind.

$$16 + 4 = 12 \text{ (s)}$$
$$4 + 16 = 12 \text{ (s)}$$
$$8 + 11 = 3 \text{ (s)}$$
$$8 + 7 = 1 \text{ (s)}$$
$$9 + 5 = 4 \text{ (m)}$$

Offensichtlich tauscht bei diesen Aufgaben Xhaver die Addition und die Subtraktion, er führt also die inverse Rechenoperation auch dann durch, wenn diese schwieriger ist. Um die Subtraktion durchzuführen, werden von ihm auch die Zahlen in der Reihenfolge vertauscht, er zählt immer die kleinere von der größeren ab.

Die Addition wird von den Kindern sehr früh schon als kommutativ erkannt, d. h. $5 + 2 = 2 + 5$. Dies wird selbst von zählenden Kindern verwendet, um den Zählvorgang selbst abzukürzen: Geschickt zählende Rechner zählen immer vom größeren Summanden weiter. Zwar wissen die Kinder in der Regel, dass die Subtraktion nicht kommutativ ist, trotzdem verwenden sie insbesondere bei schriftlichen Verfahren eine „Schein-Kommutativität", als auch dort immer die kleinere von der größeren Zahl subtrahiert wird. In der Grundschule macht die Subtraktion nur Sinn, wenn natürliche Zahlen als Ergebnis auftreten, so dass die Kinder Subtraktionsaufgaben abändern, damit für sie ein plausibles Ergebnis entsteht.

$$10 + 4 = 7 \text{ (m)}$$

Hier kann vermutet werden, dass Xhaver nicht nur die inverse Operation durchgeführt hat, sondern darüber hinaus noch den für Zähler üblichen „+1-Fehler" bei der Rückwärtsstrategie machte.

13 – 13 = 13
16 – 16 = 16
19 – 19 = 19 u.a.m.

> Auch hier kann auf einen Perseverationsfehler geschlossen werden. Allerdings
> hatte die Lehrerin bei der Testdurchführung den Eindruck, dass Xhaver glaubt,
> dass auch das Ergebnis immer die gleiche Zahl sein muss, wenn innerhalb der
> Aufgaben gleiche Zahlen stehen.

Der Lehrerin wird deutlich, dass der Test, obwohl er diagnostisch ange-
legt ist, immer noch eine eher unzureichende Erklärung für Xhavers Fehler
liefert. Ein schlichtes Testergebnis weist noch nicht klar auf die Ursachen
der fehlerhaften Denkprozesse hin. Es bleibt unklar, warum Xhaver diese
Fehler gemacht hat und ob ein schlichtes Üben in den betreffenden Bereichen, etwa der Addition und der Subtraktion mit der Null, Fehler bei
gleichem Minuend und Subtrahend etc. hilfreich wäre. Der Test gibt auch
keine Auskunft darüber, ob tiefer liegende kognitive Störungen den Lernprozess erschweren, denn hierüber kann er nichts aussagen.

In der noch laufenden Förderung wird versucht, mit Xhaver den Zahlenraum bis 20 mittels Handlungen mit Würfeln und der Übertragung auf den
Zahlenstrahl zu erarbeiten. Hierfür muss er die gestellten Aufgaben mit
dem Material durchführen und auf dem (leeren) Strahl zusätzlich darstellen. Für Xhaver liegt der Zahlenstrahl direkt unter den Würfeln, so dass er
ihre Anzahl als Länge überträgt und die Addition als Sprung nach rechts
einzeichnet, nachdem er die entsprechende Anzahl von Würfeln hinzuge-
legt hat, die Subtraktion als Sprung nach links markiert, nachdem er die
richtige Würfelmenge entfernt hat. Zur Unterstützung dienen ihm, ebenso
wie Monika, die kleinen Abstände zwischen den Würfeln, die die Fünf, Zehn
und Fünfzehn markieren. Auch Xhaver gelingt es zusehends besser, die Anzahlen direkt zu überschauen ohne zählen zu müssen.

5.3 Jonas und bildhafte Darstellungen

Die in Schulbüchern, auf Arbeitsblättern oder beim Tafelanschrieb verwendeten Bilder müssen nicht für alle Kinder das Gleiche darstellen. Sicher
erkennen alle Kinder die Vögel, Hunde, Menschen oder Häuser, aber welche Handlung spielt sich auf dem Bild ab? Dies wurde bereits bei den didaktisch-methodischen Phasen des Mathematikunterrichts erörtert. Die
Schwierigkeiten, die Kinder damit haben, können durchaus beträchtlich
sein, sie werden verschärft durch ein Unverständnis von arithmetischen

Bild	Von Jonas zuge-ordnete Rechnung	Jonas' Begründung
	$2 \cdot 3$	„Da sind zwei und da drei Vögel."
	$3 \cdot 7$	„Da sind drei und da sieben Bonbons."
	$10 : 3$	„Da sind 10 Würfel und drei sind weg."

Rechenoperationen. Die Operation ist in der Handlung eingefangen. So meinen der Autor und die Lehrerin, dass die Rechenoperationen auf der Basis von Handlungsverläufen entstehen, die nun in dem Bild eingefangen sind. Diese Beziehung immer wieder herzustellen, ist Gegenstand des Unterrichts.

Der Schüler Jonas, 8; 5 Jahre, besucht die dritte Klasse. Zwar beherrscht er das kleine Einmaleins, hat aber die Vorstellung ausgebildet, dass Multiplikation immer größer macht und Division kleiner. Dies ist zwar keine unbedingt angestrebte Vorstellung, weil sie sich in der sechsten Klasse bei der Bruchrechnung als falsch herausstellt und wieder aufgebrochen werden muss, aber durchaus eine unter Grundschülern gängige. Dies scheint Jonas bei den Bildern oben zumindest zu glauben, weil er ihnen die entsprechende symbolische Darstellung unterlegt, und, danach gefragt, mit entsprechenden Interpretationen versieht.

Die Förderung bei Jonas muss erneut am Aufbau der arithmetischen Operationen ansetzen, sie auf Handlungen zurückführen und stete Übersetzungen zwischen den Repräsentationsebenen verlangen. Zusätzlich werden mit Jonas Bildgeschichten behandelt. Hierzu werden ihm Kärtchen mit Bildern vorgelegt, die, wenn sie richtig geordnet wurden, eine Geschichte erzählen. Die Bilder sind von Jonas in die richtige Reihenfolge zu bringen. (Ähnliches wird im Untertest „Bilderordnen" des HAWIK verlangt, aber solche Bildgeschichten finden sich in vielen Kinderrätselbüchern.)

Außerdem hat er zu einzelnen Bildern die dargestellte Geschichte wiederzugeben, was ihm durchaus schwer fiel und immer noch fällt. Umgekehrt sollte er zu einer vorgelesenen Geschichte Bilder malen.

Erst wenn solch basale Fähigkeiten bei Jonas entwickelt sind, kann er die Illustrationen des Mathematikbuches richtig interpretieren und umsetzen.

5.4 Julian

Julian ist 7; 1 Jahre alt und besucht die zweite Klasse einer Grundschule. Er wächst mit zwei Geschwistern behütet in ländlicher Umgebung auf. Bei den Hausaufgaben erhält er Unterstützung von den Eltern. Zu Beginn der zweiten Klasse wird angedacht, eine Sonderschulbedürftigkeit zu überprüfen. Der Lehrerin fällt auf, dass sich Julian im Unterricht nicht lange auf eine Sache konzentrieren kann, allerdings gelingt ihm dies bei schriftlichen Aufgaben länger als bei mündlichen. Oft lässt er sich durch Außenreize beeinflussen, das Zuhören fällt ihm aber schwer, so meint sie. Am Unterricht beteilige sich Julian immer nur kurzzeitig, dann lenke er sich selbst ab.

Mit seinem einzigen engen Freund spielt er viel und lebhaft, er ist aber auch unter den anderen Jungen der Klasse akzeptiert und kann sich dort behaupten. Zwar ist Julian in eine kleine Gruppe von Jungen lose integriert, die Lehrerin empfindet ihn aber als sehr auf sich bezogen, unstrukturiert und fahrig in seinem Arbeitsverhalten. Sie hat ihn am Anfang der ersten Klasse als sehr unselbstständig erlebt, als einen Jungen, der seine Sachen nicht selber organisieren kann. Dies mag aber auch auf die sehr hohen Erwartungen der Lehrerin an die Selbstständigkeit und Eigenaktivität der Schüler zurückzuführen sein.

Im Kunstunterricht fällt auf, dass Julian nur sehr ungern malt und zeichnet. Wenn er dazu überredet wird, dann gelingen ihm nur einfache, meist ungenaue Formen, die es an Details mangeln lassen. So malt er beispielsweise zu Weihnachten wie alle anderen Kinder das Bild „Maria und Josef im Stall", bei dem beide Figuren, Maria und Josef, ohne Arme, dafür aber mit mehreren Beinen dargestellt werden. Der Kopf der Menschen ist im Vergleich zum Körper riesig und ohne Hals auf einen undifferenzierten Rumpf aufgesetzt. Seine Darstellung erinnert noch sehr stark an das Kopffüßler-Schema, das Kinder bis zum Alter von 5 Jahren besitzen.

Auch im Deutschunterricht macht sich bemerkbar, dass Julian sich nicht alle Buchstaben merken kann. Er liest nur Wörter mit drei bis vier Buchstaben und wechselt innerhalb des Wortes oft die Leserichtung. Beim Lesen scheint Julian Einzelwörter zu überspringen und andere dem Sinn nach zu erraten. Beim Schreiben lässt Julian häufig Buchstaben aus oder notiert sie, ebenso wie Ziffern, spiegelverkehrt. Innerhalb eines Wortes wechselt er mit der Groß- und Kleinschreibung.

Aus diesem Grunde werden mit Julian in Förderstunden oder in Einzelarbeit spezielle Schreibübungen durchgeführt. Die Lehrerin vermutet gestörte Bewegungsabläufe, zumindest eine verzögerte Feinmotorik. Tatsächlich gelingen ihm Bewegungsabläufe bei Ziffern und Buchstaben nicht flüssig.

Seine Schreibübungen zur Ziffer „3" zeichnen sich dadurch aus, dass sie kantig und unbeholfen wirken und Julian die Größe nicht einhält.

Im Mathematikunterricht kann Julian einfache Aufgaben im Zahlenraum bis 10 lösen, wobei er Rechenzeichen, aber auch Vorgänger/Nachfolger häufig verwechselt. Ohne die Hilfestellung und die Unterstützung mit Material kann Julian arithmetische Operationen selten lösen. Seine Darstellungsweise ist oft ungenau, insbesondere spiegelverkehrt. Dies zeigt sich auch beim Sachrechnen (inverse Operation) und bei geometrischen Aufgaben.

Bilder vermag Julian in den Handlungsabläufen nicht immer richtig zu interpretieren. Vielmehr schreibt er unter die Bilder die entsprechenden Zahlen in Kästchen, ohne die gesamte Handlung in den Blick zu nehmen.

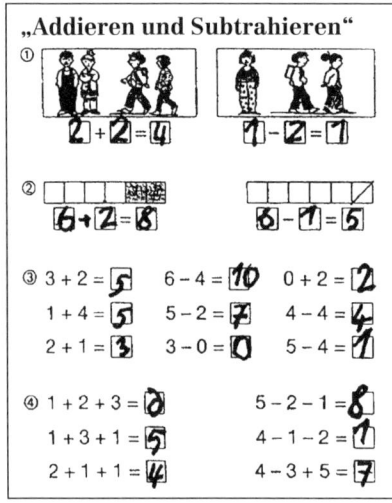

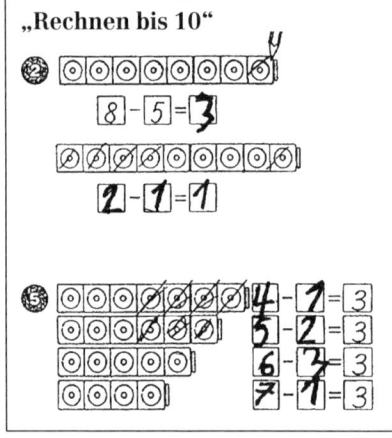

So löst er Subtraktionsaufgaben häufig, indem er analog zu den Figuren Ziffern verwendet: 1 Kind steht links und 2 gehen rechts weg, was ihn zu der symbolischen Darstellung 1 – 2 = 1 verleitet. Dass in der Ausgangssituation 3 Kinder zusammen waren, wird von Julian in der Rechnung nicht berücksichtigt. Es fällt ihm allerdings auch nicht auf, dass die Aufgabe, so wie er sie notiert, eines Sinns ermangelt.

In den weiteren Aufgaben addiert Julian mehrfach, obwohl eine Subtraktion gefordert wurde, er führt also die inverse Operation durch. Deutlich wird auch, dass er die 6 immer noch spiegelverkehrt schreibt.

Julian rechnet die Aufgabe 8 – 5, ohne die abgebildeten Steckwürfel in der Darstellung durchzustreichen. Auch bei den folgenden Aufgaben ist kaum ein Zusammenhang zwischen den durchgestrichenen Steckwürfeln und seiner Rechnung festzustellen. Dass immer das Ergebnis 3 gefordert wurde, führt bei Julian in der unteren Aufgabe nicht dazu, ähnliche Handlungen an der bildhaften Darstellung vorzunehmen.

Fast konstant schreibt Julian die Ziffer 6 spiegelverkehrt (vgl. Abb. auf S. 85). Zerlegungen nimmt er nicht vor, sondern notiert jeweils eine Teilmenge und die Gesamtteilmenge entgegen der Anforderung und dem Hinweis der Lehrerin. Die unterste Aufgabe ist für ihn besonders schwierig, da er nicht beachtet, dass das Ergebnis links steht, der Term hingegen auf der rechten Seite. Vielmehr scheint es, dass er die bildhaften Darstellungen von oben nach unten liest und konsequent die Zahlen in entsprechender Weise von links nach rechts notiert, wobei Rechenzeichen von ihm missachtet werden.

Da die Lehrerin ein Wahrneh-
mungsproblem bei Julian vermutet,
führt sie in den Förderstunden das
Frostig-Training zur visuellen Wahrnehmung mit ihm durch. In gran-
dioser Überschätzung seiner eigenen Fähigkeiten glaubt Julian, alle
Aufgaben seien für ihn zu leicht („ist
ja pippig!"), ohne sich seiner
Schwierigkeiten bewusst zu sein.
Nur selten, wie bei der folgenden
Zeichnung, bemerkt er seine eigene
Orientierungslosigkeit (siehe Abb.
unten, das Original ist größer).

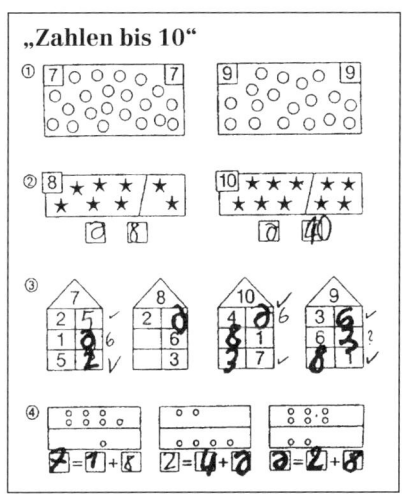

„Ich weiß nicht mal, wo ich bin", bemerkt er, als ihm die Inadäquatheit
seiner Nachzeichnung bewusst wird. Er stellt fest, dass die Linien nicht mit
der Vorgabe übereinstimmen, vermag dies aber nicht zu korrigieren.

Es ist deutlich, dass die Störung der Raumwahrnehmung und Raumorientierung sowohl den Schriftspracherwerb als auch die Rechenfähigkeit ne-
gativ beeinflusst. Aus diesem Grund wird bei Julian eine Förderung dieses
Bereiches durchgeführt, die sich aber nicht auf die standardisierte Form,
etwa in Anlehnung an das Wahrnehmungsprogramm von MARIANNE FROSTIG
beschränken kann, sondern arithmetische Inhalte mit einbezieht. So werden ebenfalls, ähnlich wie bei den anderen Kindern, Aufgaben am leeren
Zahlenstrahl („Rechenstrich") durchgeführt, auch wenn Julian dabei an-

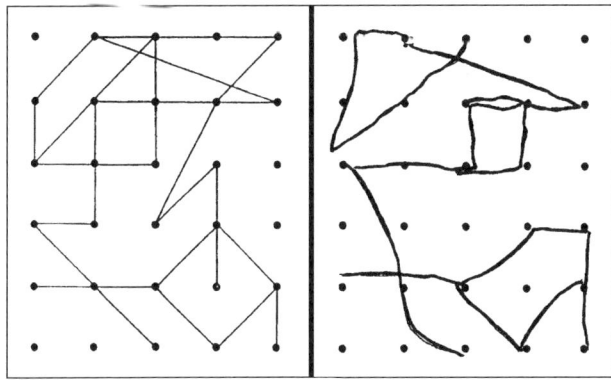

fangs sowohl die Richtung als auch die Größenbeziehungen nur unzureichend wiederzugeben weiß. Die erzielten Erfolge sind zu Beginn der Förderung kaum wahrzunehmen, nehmen aber im Laufe der Therapie stetig und ansteigend zu.

■ **Bei Störungen in basalen kognitiven Bereichen stellt die Förderung eine Rehabilitationsmaßnahme dar. Hierbei gilt:**
- **Je früher die Störung erkannt wird, umso erfolgreicher und zeitsparender ist die Förderung.**
- **Die Förderung kann immer nur langsame Schritte in der kindlichen mathematischen Entwicklung unterstützen und begleiten. Sie kann sie aber nicht in großem Umfang beschleunigen. Von der Lehrerin ist daher Geduld gefordert. ■**

5.5 Susanne

Susanne ist 7; 10 Jahre und besucht die zweite Klasse einer Grundschule. Susanne hat eine ältere Schwester und wohnt mit den beiden berufstätigen Eltern in eher ländlicher Umgebung. Trotz der beruflichen Belastung helfen die Eltern ihr bei den Hausaufgaben. Der Lehrerin ist bekannt, dass Susanne auf dem rechten Auge eine stark verminderte Sehfähigkeit hat und sie auf diesem Auge fast vollständig erblindet ist.

Im Unterricht ist Susanne sehr zurückhaltend und beteiligt sich nur selten. Dies macht sie zu einer Einzelgängerin mit nur wenigen Freundinnen, weshalb sie häufig die Nähe der Lehrerin sucht. Sie beschäftigt sich lieber auf ihrem Platz alleine, malt und zeichnet, holt sich ältere, schon bereits bearbeitete Arbeitsblätter oder schaut anderen Kindern beim Spielen zu. Sie ist allerdings sehr bemüht, gewissenhaft zu arbeiten, ermüdet hierbei allerdings rasch.

Ihre Gemälde zeigen sehr auffällig ihre emotionale Situation. Für das Thema „Jesus beruhigt den Sturm" malt Susanne einen isolierten einäugigen Menschen in einem Boot, obwohl in der Geschichte kein Einäugiger vorkommt. Ihre Sehfähigkeit scheint sie in hohem Maße zu beschäftigen. Die Formen und Darstellungen sind grob und wirken sehr reduziert. Das Blatt ist, anders als bei anderen Kindern, nicht ausgefüllt, die gezeichneten Objekte werden an den Rand gedrängt.

Susanne besucht die gleiche Klasse wie Julian, macht aber bei den Rechenaufgaben andere Fehler als dieser. Sie vertauscht ebenfalls Addition und Subtraktion, wobei sie innerhalb einer Aufgabe die Operationen zu

Jesus beruhigt den Sturm.

wechseln scheint. So ist die Aufgabe 5 – 2 – 1 = 6 auf die Rechnung 5 + 2 – 1 zurückzuführen.

Die Subtraktion scheint für Susanne eine unklare Rechenoperation zu sein. Dass die Ergebnisse größer ausfallen als der Minuend, scheint sie nicht zu stören. Die in den Abbildungen dargestellten Steckwürfel, die auch im Unterricht als Hilfsmittel verwendet werden, scheint sie nicht als Lösungshilfe für die Aufgaben anzusehen.

Die unter 4 ermittelten Lösungen überträgt sie schematisch auf die Aufgabe 6: Es ergibt sich immer 2, egal welche Ziffern und Zahlenkombination vor dem Gleichheitszeichen stehen.

Die Lehrerin ermittelt in einem Elterngespräch, dass in der Familie durchaus thematisiert wird, dass die Sehfähigkeit von Susanne beeinträchtigt ist. Dieses „Nichtnormalsein" scheint sich bei Susanne als Selbstbild festgesetzt zu haben. Es beschäftigt sie und führt dazu, dass

„Addieren und Subtrahieren"

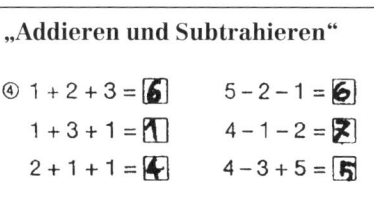

④ 1 + 2 + 3 = **6**   5 – 2 – 1 = **6**
1 + 3 + 1 = **1**   4 – 1 – 2 = **2**
2 + 1 + 1 = **4**   4 – 3 + 5 = **5**

„Rechnen bis 10"

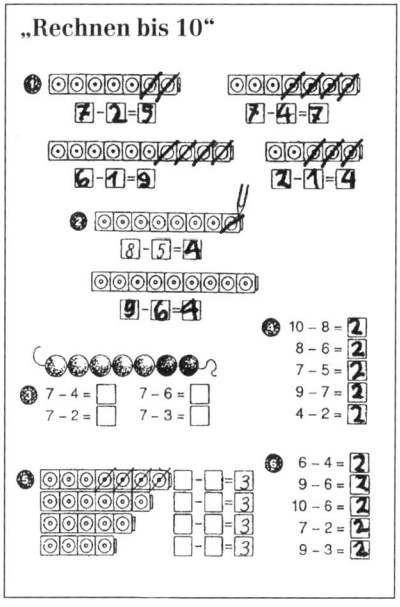

sie sich von anderen isoliert. In Leistungssituationen versucht sie, Aufgabenbearbeitungen aus dem Wege zu gehen. Sie entwickelt Vermeidungsstrategien, so z. B. beim Lesen in der Gruppe. Sie vermutet, dass sie Anforderungen nicht gewachsen ist, Misserfolgserlebnissen ausweichen möchte.

Um Susannes Wahrnehmungsfähigkeit zu überprüfen, führt die Lehrerin in einer Förderstunde mit ihr einen Test durch. Bei den folgenden Aufgaben sollte Susanne immer jene Figur aus der Reihe durchstreichen, die sich von den anderen unterscheidet. Hier zeigen sich eklatant Susannes Wahrnehmungsschwächen.

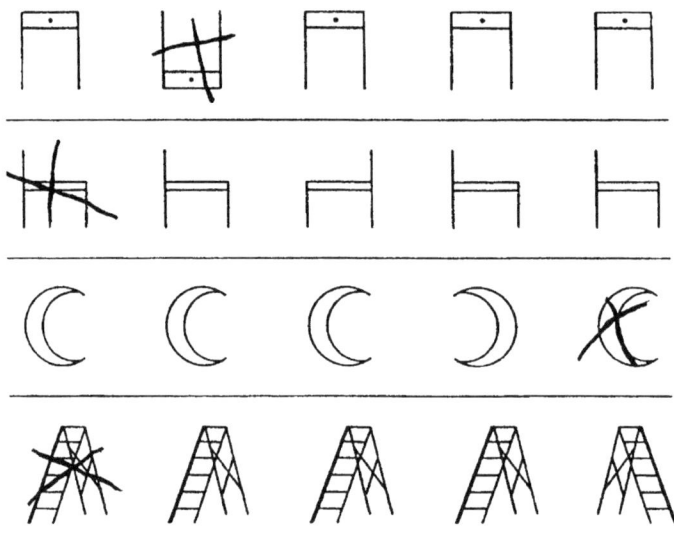

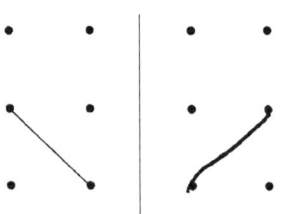

Auch einfaches Nachzeichnen gelingt ihr häufig nur spiegelverkehrt, obwohl bislang im Geometrieunterricht Spiegelungen noch nicht behandelt wurden.

Werden die Muster komplexer, dann wird ihre Schwäche eklatant. Längenbeziehungen kann sie nicht nachzeichnen, sie verliert die Orientierung auf dem Blatt.

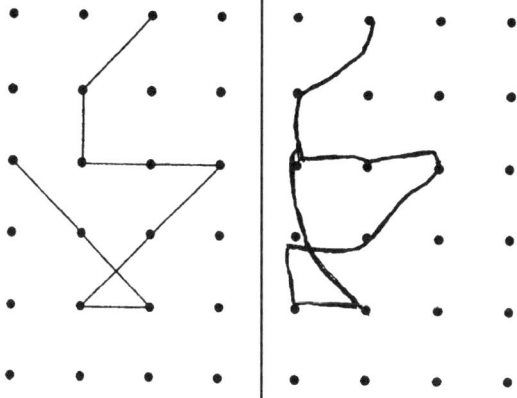

Lediglich Teile werden von ihr aus der Figur herausgegliedert, häufig stimmen aber selbst hierbei die Längenbeziehungen und die Orientierungen nicht.

Wie bei Julian muss die Förderung sowohl die arithmetischen Inhalte als auch die gestörten kognitiven Bereiche angehen. Letztere sind eine Voraussetzung für das Verstehen arithmetischer Beziehungen. Bleibt die Störung unbehandelt, dann wird Susanne beim Rechnen auf das Zählen zurückgeworfen, da es ihre einzige Zugriffsmöglichkeit bleibt.

Bei Susanne werden, stärker noch als bei Julian, geometrische Übungen im Vordergrund der Förderung stehen. Längen- und Flächenbeziehungen werden thematisiert, Raumerfahrungen am eigenen Körper nachgeholt

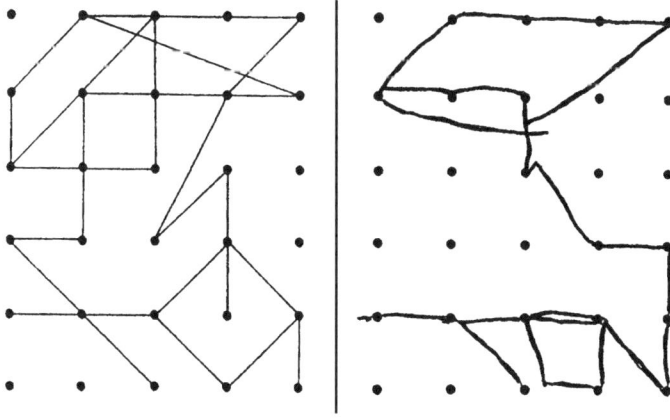

und intensiviert, die die Voraussetzung für räumliches Vorstellungsvermögen darstellen.

Natürlich kann die Mathematikförderung nicht das Problem der eingeschränkten Sehfähigkeit beheben, dies kann keine Förderung. Sie kann aber versuchen, die kognitiven Fähigkeiten zu stärken, die bei Susanne nicht altersentsprechend entwickelt sind. Der auf Seite 89 abgebildete Versuch von Susanne, eine komplexe Figur nachzuzeichnen, zeigt auch nach einigen Förderstunden noch ihre gravierenden Wahrnehmungsprobleme, die in weniger augenfälliger Weise, aber dafür umso mathematikbeeinträchtigender, auch in ihren Handlungen mit dem im Unterricht verwendeten Veranschaulichungsmaterial deutlich werden. Susanne muss angeleitet werden, das Material in der geforderten Richtung zu legen, nicht auf die ihr gegenüber sitzende Mitschülerin zu achten, denn diese legt ja spiegelverkehrt zu ihr. Aus diesem Grund geht die Lehrerin dazu über, Susanne zwischen zwei Mitschülerinnen zu setzen, die gegenüberliegende Tischseite aber frei zu lassen.

5.6 Tom

Tom ist 7; 1 Jahre und besucht die erste Klasse einer Grundschule. Seine Leistungen im mathematischen Bereich gaben der Lehrerin zur Besorgnis Anlass, weshalb sie Einzelhilfe für ihn organisierte. Die häusliche Situation ist mitfühlend, sorgenvoll, die Eltern betreuen seine Hausarbeiten.

Tom zeichnet und malt nicht gerne, ganz im Gegensatz zu seinen Klassenkameraden, weshalb er auch nicht möchte, dass seine Bilder im Klassenzimmer aufgehängt werden. Meist sind seine Darstellungen wenig differenziert, die Formen wirken schematisiert, aber nicht altersentsprechend. Insbesondere fällt auf, dass Größenverhältnisse nicht berücksichtigt werden. Für die Lehrerin erscheint es aber unklar, ob es sich hierbei um ein Problem der visuellen Wahrnehmung oder der feinmotorischen Koordination handelt.

Sein Bild vom „Tischlein deck dich" zeigt deutlich, dass Tom Größenbeziehungen nicht zu berücksichtigen weiß.

Seine Figuren zeichnen sich dadurch aus, dass wesentliche Details fehlen, sie in keiner Weise altersentsprechend wirken. Besitzen seine menschlichen Figuren Arme, dann setzen diese in der Körpermitte an und sind zur Seite waagerecht abgespreizt.

Häufig besitzen sie aber keine Extremitäten, wie beispielsweise die „Heiligen Zwei Könige" auf seinem Bild.  Die Proportionen sind unrealistisch, überlange Beine im Vergleich zu winzigen Oberkörpern lassen die Figuren strukturlos erscheinen. Die dargestellten Geschichten sind ohne Hilfen und eigene Erklärungen nicht zu erkennen. Die Größenverhältnisse passen nicht, so wie der winzige „Goldesel" neben dem Tisch zu klein ausfällt, so ist auch die Relation zwischen den menschlichen Figuren erwartungswidrig und entspricht nicht der darzustellenden Thematik.

Im Sportunterricht bemerkt die Lehrerin, dass Tom Probleme hat, sich seine Schuhe zu binden. Aber auch im Mathematikunterricht fällt seine Art, mit den Fingern zu rechnen, auf, die auf Schwierigkeiten des Bewegungsablaufs hinweist.  Seine Schrift ist, nicht nur im Mathematik-, sondern auch im muttersprachlichen Unterricht verkrampft und erscheint zittrig, was ebenfalls auf visuomotorische Koordinationsschwierigkeiten schließen lässt (ein neurologisches Syndrom mit gestörtem Muskeltonus konnte ausgeschlossen werden). Sein Bewegungsablauf insgesamt erscheint unbeholfen und tollpatschig. Allerdings ist Tom ein guter Leser.

Dies mag überraschen, zeigt aber, dass die kognitiven Anforderungen des Schriftspracherwerbs andere sind als im arithmetischen Anfangsunterricht. Daher gibt es LRS-Kinder ohne Beeinträchtigung der Mathematikleistung wie umgekehrt rechenschwache Kinder mit guten Lese-Schreibleistungen wie Tom. Der Umgang mit dem mathematischen Veranschaulichungsmaterial und den bildhaften Aufgabendarstellungen auf der Schulbuchseite lässt darauf schließen, dass Tom eine Figur-Grund-Unterscheidungsschwäche hat, die allerdings auch mit Defiziten in der Wahrnehmung der Raumlage und den räumlichen Beziehungen zusammenhängen kann. Durch die Beobachtung der Lehrerin wird bestärkt, dass Tom Lagebeziehungen wie oben und unten häufig nicht benennen kann und er auf dem Arbeitsblatt orientierungslos wirkt.

Die Förderung von Tom versucht, diese Figur-Grund-Unterscheidungsfähigkeit zu entwickeln. Hierzu werden Aufgabensätze aus Förderprogrammen verwendet (vgl. Lorenz, im Druck), aber auch die Eltern sind angehalten, aus Kinderrätselheften entsprechende Aufgaben mit Tom zu behandeln, die es dort in unterschiedlichen Schwierigkeitsstufen gibt („Wimmelbilder", „Suchbilder" etc.).

In den Förderstunden muss Tom sämtliche Handlungen, die er oder die Lehrerin durchführen, sprachlich beschreibend begleiten und insbesondere die Richtung der Bewegung oder die Lage der Objekte angeben. Dies bereitet ihm große Schwierigkeiten. Er verwechselt anfangs selbst oben – unten (selten), vorne – hinten, wobei er zwischen der Richtung des Objekts und seiner eigenen Richtung nicht zu unterschieden weiß und den Bezugspunkt häufig wechselt sowie rechts – links (sehr häufig).

Ebenso werden Orientierungsübungen mit dem eigenen Körper im Klassenzimmer durchgeführt, wobei Tom Objekte wie Bleistifte, Radiergummis, Geodreiecke etc. an verschiedenen Stellen des Raumes ablegen und anschließend beschreiben muss, wie die Bewegung durch das Zimmer ablief und wo die Objekte sich nun befinden. Über einen langen Zeitraum hin durfte Tom hierbei die Objekte noch von seinem Platz aus sehen. Erst zu einem späteren Zeitpunkt wurde versucht, die Handlungen hinterher „blind", ohne dass Tom sie sehen konnte, weil er die Augen schließen musste, in der Vorstellung ablaufen zu lassen.

Auch diese Förderung läuft über einen langen Zeitraum, die Erfolge stellen sich nur schrittweise ein und es besteht die Gefahr, dass in der Zwischenzeit der Abstand zu den arithmetischen Leistungen der Mitschüler wächst. Eine andere Vorgehensweise in der Förderung ist aber nicht möglich, wenn die Lehrerin auch für Tom das Ziel verfolgt, Verständnis für die Zahlbeziehungen und die arithmetischen Operationen zu entwickeln. Ein schlichtes Einüben der Rechenverfahren, d. h. zu diesem Zeitpunkt des Zehnerübergangs, das Beibehalten des zählenden Rechnens, das stellenweise Addieren bzw. Subtrahieren in der zweiten Klasse, oder gar das frühzeitige Übernehmen der schriftlichen Verfahren würde zwar einen kurzzeitigen Erfolg insofern versprechen, als Tom durch zählendes Vorgehen zu richtigen Ergebnissen käme.

Aber ein Verständnis und ein Aufbau von Fähigkeiten zur Lebensbewältigung mit Hilfe der Mathematik würde hierdurch erschwert bis verhindert. Und diese werden auch für Tom angestrebt.

6 Prinzipien eines guten Unterrichts und einer Schule, die Rechenschwäche zu verhindern sucht

Das vorangehende Ursachengeflecht für mögliches Auftreten von Rechenschwäche ist breit und man ist geneigt, es einen Ursachensumpf zu nennen. Wenn so viele Faktoren in ihrem Zusammenwirken die gravierende Minderleistung in Mathematik hervorrufen können, wie soll sie dann verhindert oder, wenn dies nicht gelingen kann, reduziert werden? Es gibt wiederum eine Reihe von Maßnahmen inhaltlicher und organisatorischer Art, die in ihrem Zusammenwirken eine Verbesserung für das einzelne Kind darstellen. Aber, überfordern wir die Lehrerinnen und Lehrer nicht? Nicht jede, nicht jeder kann neben seinen sonstigen Aufgaben auch Spezialist/in für Rechenschwäche sein. Es ist daher notwendig, in einer Klassenstufe, in einem Kollegium und in einem Schulverbund bestimmte Kolleginnen bzw. Kollegen mit dieser Aufgabe zu betrauen und ihnen entsprechende Fortbildungsmöglichkeiten und Freiräume zur Verfügung zu stellen (bitte sagen Sie dies der Schulverwaltung weiter!).

6.1 Verbesserung des Unterrichts

Der Unterricht für Kinder mit Rechenschwäche ist in seiner Zielsetzung nicht anders als für andere Kinder. Alle Schüler sollen

- einen Zahlensinn,
- ein Verständnis der Rechenoperationen,
- einen flexiblen Einsatz der Rechenstrategien,
- ein Problemlöseverhalten,
- ein Anwenden von mathematischen Kenntnissen in Alltagssituationen

u. Ä. entwickeln. Die Zielsetzung kann und sollte für rechenschwache Kinder nicht anders aussehen, der Unterricht sollte in dieser Hinsicht, d. h. in seinen großen, weit ausholenden Absichten nicht zieldifferent gestaltet sein.

Unklarheit herrscht darüber, ob das methodische Vorgehen für rechenschwache Kinder unterschiedlich sein muss. Nun ist belehrender Unterricht,
der auf bloße Rezeption des Vorgebrachten aus ist und eigenständiges, kon-
struierendes, aktives Vorgehen unterbindet, auch für leistungsstarke
Schüler nicht optimal, im Gegenteil. Diese können aber die Nachteile des
Unterrichts kompensieren, sie lernen trotz des Unterrichts. Nicht so die Rechenschwachen. Sie sind in hohem Maße von der Qualität des Unterrichts
abhängig. Ihnen muss Gelegenheit zum Verstehen gegeben werden. Sie
benötigen Zeit, die Handlungen, die den arithmetischen Operationen unterliegen, durchzuführen und vor allem über sie nachzudenken. Prinzipiell
versucht der Förderunterricht sich an folgendem Ablaufschema zu orientieren:

● Die Kinder führen die Handlung an einem Veranschaulichungsmittel
durch. (Üblicherweise wiederholen sie diese Handlungen beliebig oft,
ohne dass ein Lernfortschritt zu beobachten ist. Daraufhin tritt die große
Ratlosigkeit auf allen Seiten auf, denn es fehlen die weiteren Schritte.)
● Die Handlung wird nur teilweise ausgeführt, den Fortgang der Handlung
muss das Kind beschreiben. Dies fordert vom Schüler, sich die Handlung
vorzustellen und erst durch das Vorstellen entstehen Strukturen, entsteht Wissen im Kopf.
● Das Kind malt die Handlung, die es *nicht* ausführt, auf, es zeichnet den
Handlungsverlauf und das Handlungsprodukt, das Ergebnis der Handlung.
● Ersatzweise kann die Handlung noch unter einem Tuch erfühlt werden,
was eine Erleichterung und deshalb die letzte Hilfe darstellt.

In Untersuchungen zeigt sich immer wieder, dass die leistungsstarken Kinder die Veranschaulichungsmittel nicht mehr benötigen und die Übersetzung ihrer Lösungswege an diese Materialien eher als lästig und als zusätzliche Aufgabe ansehen, und dass die leistungsschwachen Schüler vom
Umgang mit den Materialien auch nach häufigem Gebrauch nicht profitieren. Unterricht wird für die rechenschwachen Kinder dadurch besser,

● dass er sie in ihren individuellen, auch fehlerbehafteten Lösungsversuchen unterstützt, auch ihre Lösungsversuche ernst nimmt und nicht nur
die leistungsstarken Kinder sich vordrängen lässt;
● dass er die vorurteilsfreie Kommunikation zwischen den Kindern über
die individuellen Lösungswege und Lösungsstrategien anregt, sie sogar
zum Hauptthema des Unterrichts macht, denn hierdurch werden die
Kinder angeregt, über die Denkwege anderer nachzudenken, schon allein indem sie diese zu verstehen versuchen;

- dass die belehrende, einseitig von der Lehrperson in die Kinderköpfe gerichtete Kommunikation abnimmt zugunsten einer beobachtenden, diagnostischen Lehrerrolle: Beobachten und Verstehen anstelle des Instruierens;
- dass aufgrund der individuellen Denk- und Rechenwege den rechenschwachen Kindern andere Aufgaben zur Verfügung gestellt werden, z. B. Aufgaben, die bei ihren fehlerbesetzten Lösungswegen zu offensichtlichen Konflikten führen und daher von den Kindern selbst korrigiert werden können: Es kommt zu Aha-Effekten mit sprunghaftem Lernanstieg.

Auch wenn dies nach neuen didaktischen Ansätzen die Qualität des Mathematikunterrichts prinzipiell kennzeichnet, so sind es doch die rechenschwachen Kinder, die hiervon am meisten profitieren.

Der herkömmliche Mathematikunterricht lässt sich, cum grano salis und sicher nicht für jede Stunde zutreffend, in seiner Tradition folgendermaßen charakterisieren. Er

- verkürzt Mathematik auf das Rechnen,
- betont die (schriftlichen) Algorithmen, das Einüben von Rechenschritten und nicht das Verstehen von Zahlzusammenhängen,
- ist auf Fehlervermeidung aus,
- vernachlässigt die Geometrie, da sie nicht im Zusammenhang mit Zahlbeziehungen und dem Aufbau von Zahlenräumen in der Vorstellung gesehen wird,
- entwickelt daher selten kognitive Prototypen für die arithmetischen Operationen,
- lässt individuelle Lernwege nicht zu,
- verlässt sich auf die (vermeintliche) Objektivität der Mathematik,
- sieht Mathematik nicht als soziales Phänomen.

Unglücklicherweise sind einige der Voraussetzungen, auf denen diese langjährige und daher so veränderungsresistente Vorgehensweise beruht, nicht gültig, wie die bisherigen Ausführungen hoffentlich zeigen konnten. Hingegen müssen andere Prämissen angenommen und entsprechende Konsequenzen gezogen werden, insbesondere folgende:

- Mathematik lernen heißt, Zahlenbeziehungen und arithmetische Operationen zu verstehen, denn Einsichten sind auch für rechenschwache Schüler wichtiger als Automatismen.
- Schüler lernen an für sie bedeutsamen mathematischen Problemen oder Sachaufgaben.

- Komplexität ist auch für (vermeintlich) leistungsschwache Schüler keineswegs hinderlich, sondern hilfreich, da in der Gesamtsituation mehr Bedeutung enthalten ist.
- Da Schüler auf individuellen Wegen lernen, kann man ihr Lernen nur anregen und auch im Falle von Lernstörungen nie steuern.
- Beim Mathematiklernen sind Fehler wichtig; erklärt ein Schüler seinen fehlerhaften Lösungsweg den Mitschülern, treten urplötzlich Aha-Effekte auf, die ihn besser verstehen lassen als sämtliche Lehrerbelehrung.
- Mathematik betreiben ist Entdecken.
- Didaktisches Vereinfachen, Elementarisieren, kleinschrittiges Zurichten und Anleiten stört hierbei. Zwar scheinen rechenschwache Schüler gerade diese Vorgehensweise zu fordern, weil sie ihnen die Gelegenheit gibt, nachmachend kurzfristig Erfolge zu erzielen, aber die Imitation reicht kaum über mehrere Stunden an und stellt eine hohe Belastung des Gedächtnisses dar.
- Hingegen kann eine Überforderung nützlich sein, soweit sie in der Zone der nächsten Entwicklungsschritte liegt, die aber für rechenschwache Schüler genau ausgelotet werden müssen.
- Schüler lernen mathematische Inhalte besser von- und miteinander als von der Lehrerin bzw. dem Lehrer, da sie argumentieren, begründen, vergleichen, nachvollziehen und Hypothesen bilden müssen.
- Den letzten Punkt einschränkend muss im Förderunterricht bedacht werden, dass die Ursachen der Rechenschwäche vielfältig sind und daher diese Kinder unterschiedliche Übungen benötigen. Ein Vorgehen in der Gruppe ist dann für diese Phasen der Förderung nicht möglich (Einzelförderung!). Für die arithmetischen Anteile in den Förderstunden ist ein Vorgehen in Partnerarbeit aber günstig, wohingegen eine Großgruppe rechenschwache Schüler kommunikativ überfordern kann.

Der Mathematikunterricht verlangt von der Lehrperson eine Zurücknahme ihres pädagogischen Impetus, der sie veranlasst, in Lernprozesse frühzeitig einzugreifen und sie glatt machen zu wollen. Auch kleine Veränderungen in Richtung einer offenen Unterrichtsgestaltung stellen sich aufgrund des schon habituellen Lehrverhaltens als ausgesprochen schwierig heraus. Der Unterricht sollte von den Kindern ausgehen und damit nicht mehr die Lehrperson im Zentrum der Klassenwahrnehmung stehen. Viel ist schon gewonnen, wenn die Lehrerin nicht vorne, sondern an der Seite oder hinter der Klasse steht. Ebenso schwierig ist es offensichtlich für viele Pädagogen, Fehler an der Tafel stehen zu lassen, bis sich Kritik aus der Klasse regt. Die didaktisch-methodische Befürchtung, das Falsche könne sich einprägen, scheint unbegründet: Auch das Richtige prägt sich erfahrungsgemäß nicht ein. Zumindest zeitigt das jahrelange Bombardement mit orthographisch fehlerfreien Texten und richtigen Lösungen bei Rechenaufgaben nicht den gewünschten Erfolg. Lernen läuft eben doch anders ab.

Ein Mathematikunterricht, der das schriftliche Rechnen an die Stelle des Denkens setzt, wurde schon im vorletzten Jahrhundert beklagt:

„Was faselst du da!", rief Goggelmoggel. „Wie viele Tage hat das Jahr?"
„Dreihundertfünfundsechzig", sagte Alice.
„Und wie viele Geburtstage hast du?"
„Einen."
„Und dreihundertfünfundsechzig weniger eins gibt – ?"
Goggelmoggel sah zweifelnd drein. „Das möchte ich lieber schwarz auf weiß sehen", sagte er.
Alice musste doch ein wenig lächeln, als sie ihr Notizbuch herauszog und die Rechnung für ihn aufschrieb:

$$\begin{array}{r} 365 \\ -1 \\ \hline 364 \end{array}$$

Goggelmoggel nahm das Büchlein an sich und betrachtete es ganz genau.
„Es sieht zwar aus, als sei es richtig –", begann er.
„Sie halten es ja verkehrt herum!", unterbrach ihn Alice.
„Na, da hast du doch tatsächlich Recht!", sagte Goggelmoggel aufgeräumt, und Alice gab es ihm richtig in die Hand. „Mir kam es doch gleich ein wenig sonderbar vor. Also, wie gesagt, es sieht zwar aus, als sei es richtig – ich kann es jetzt freilich nicht im Einzelnen durchgehen – ..."
(L. Carroll, Alice hinter den Spiegeln)

6.2 Die „diagnostische Kompetenz"

Es muss leider angeführt werden, dass der Umgang mit Rechenschwäche in der Grundschule zu häufig drei Charakteristika aufweist:

● Das Problem wird zu spät erkannt, manchmal gar nicht. Obwohl es inzwischen Ansätze zu einer Früherkennung gibt (so lassen sich mit dem OTZ Risikokinder identifizieren; in Ludwigsburg wird zur Zeit ein Früherkennungsdiagnostikum für das Vorschulalter entwickelt), wird selten ein spezielles Augenmerk auf Problemschüler gelenkt. Die medizinische Schuleingangsdiagnostik ist aber nicht geeignet, die zukünftigen Problemkinder zu identifizieren, da die Fragestellung eine andere ist. So wird die Rechenschwäche als Problem umgangen, nicht angegangen.

● Aus wohl gemeinten pädagogischen Gründen bleiben die Kinder einen
sehr langen Zeitraum in ihrer arithmetischen Entwicklung sich selbst
überlassen und ihre individuelle Entwicklung wird lediglich wohlwollend begleitet. Lernschwierigkeiten, die sich im Laufe der ersten beiden
Schuljahre zur Rechenschwäche ausweiten können, werden zwar nicht
ignoriert, aber geflissentlich verniedlicht: „Das gibt sich noch, nur nichts
dramatisieren. Anderen Kindern geht es genauso!"

Diese Einstellung ist nicht mit der vorangehenden zu verwechseln, die den
Kindern eigene, auch lehrbuchferne Lösungsversuche gestattet, ja diese sogar animiert. Was hier gemeint ist, kennzeichnet eine kindertümelnde Hal-
tung, die eher aus der erlebten Hilflosigkeit gegenüber diesen Problemkin-
dern erwächst. Ihr fehlt der diagnostische Blick und die Möglichkeit, auf
diese Kinder angemessen zu reagieren, ihre Fehler zu interpretieren und
mit evtl. vorhandenen kognitiven Schwierigkeiten in Verbindung zu bringen, die vorab als Lernvoraussetzungen entwickelt und daher gefördert
werden müssen.

● Lernschwierigkeiten werden zwar erkannt, aber erste Hinweise auf eine
Verbesserung vorschnell als Entwicklungsfortschritt fehlinterpretiert
und die Rechenschwäche wieder bagatellisiert. So erleben die Kinder
(und manchmal die Eltern) zwar die Lernschwierigkeit bereits in der ersten Klasse, z. B. erhöhten Zeitbedarf und Fehler in Überzahl, die sich
durch ihre, wohlwollend gesagt, „Merkwürdigkeit" auszeichnen, aber
die Lehrperson registriert diese häufig erst am Ende der Grundschulzeit,
wenn die Entscheidung für die weiterführenden Schulen ansteht. Wenn
nun gegen Ende der zweiten Klasse das Kind einen unerwarteten Auf-
schwung zeigt, nämlich beim Auswendiglernen des kleinen Einmaleins,
wird dies sogar als Verschwinden der Lernschwierigkeit fehlinterpretiert, die sich damit als entwicklungsbedingt und somit nur vorübergehend erwiesen habe. Dass hier andere Anforderungen vorlagen, etwa lediglich an das Gedächtnis, wird übersehen. Und dass das Kind in Klasse
3 die schriftlichen Verfahren lösen kann, besagt meist nur, dass es wei-
terhin ein hervorragender Zähler ist, aber nicht, dass es ein Verständnis
für die verwendeten Zahlen ausgebildet hat.

Es bedarf daher dringend einer Erhöhung der diagnostischen Kompetenz,
um Rechenschwäche frühzeitig und damit prognostisch günstig zu erfassen. Im Zusammenwirken mit einer veränderten Unterrichtskultur (s. o.)
lässt sich die eigene Rolle dahingehend verändern und die Zeit nutzen, einzelne Kinder gezielter zu beobachten. Liegen dann Verdachtsmomente vor,

die darauf hinweisen, dass das Kind Defizite oder Förderbedarf in spezifischen kognitiven Bereichen (Anschauung, Raumwahrnehmung, Vorstellungsvermögen, Gedächtnis, Sprachverständnis) aufweist, dann lässt sich eine Kooperation mit der Beratungslehrerin, der Schulpsychologin, einer Sonderschullehrerin oder Kollegin unter dieser Fragestellung initiieren. Nach der Durchführung von speziellen Tests fügen sich die verschiedenen Einzelaspekte zu einem Gesamtbild des Kindes, und erst so lässt sich eine gezielte Förderung anregen oder von der Lehrerin selbst durchführen.

▓ **Aber: Die Erstdiagnose bleibt die genuine Aufgabe der Mathematiklehrerin!** ▓

6.3 Konzepte der Fördermaßnahmen

Konzepte der Förderung im inhaltlichen Sinne sind in einer ganzen Reihe von Veröffentlichungen beschrieben worden, sie werden an dieser Stelle nicht alle wiederholt (vgl. dazu insbesondere GANSER 1995; GRISSEMANN/WEBER 1990; KRÜLL 1994; LOBECK 1993; LORENZ/RADATZ 1993; MILZ 1992; SCHULZ 1995). Auch die Verbindung von bestimmten Fehlertypen zu kognitiven Schwierigkeiten im Sinne von (Früh-)Hinweisen ist bekannt. Es scheint eher notwendig, allgemeine Prinzipien darzulegen.

● Förderung bei rechenschwachen Kindern sollte idealiter nur als Einzelförderung stattfinden. Dies zu realisieren ist im Schulalltag erfahrungsgemäß schwierig, die organisatorischen Rahmenbedingungen stehen meist dagegen, die Zeit- und Finanzrahmen lassen dies nicht zu. Es scheinen aber trotz ungünstiger äußerer Bedingungen nicht alle Möglichkeiten ausgeschöpft. Es ist auch Einzelförderung im Klassenverband möglich. Hierzu muss die Unterrichtsform offen sein und Arbeiten an unterschiedlichen Problemen zulassen. Dies ist in jedem Unterricht phasenweise möglich, und eine permanente Einzelarbeit wäre auch bei Rechenschwäche aufgrund dann fehlender Kommunikation, mangelnden Austauschs mit den Klassenkameraden über Lösungswege nicht angezeigt. Es sind selbst gezielte Fördermaßnahmen für kognitive Fähigkeiten (Raumvorstellung, sprachliche Arbeit an Texten etc.) durchführbar, ohne die sonstige Klassenatmosphäre zu belasten.

● In speziell bereitgestellten Förderstunden wird häufig ein Gruppenunterricht durchgeführt. Dies wurde bereits für rechenschwache Kinder als ungünstig charakterisiert. Darüber hinaus bestehen diese Förderstunden aber auch meist aus einer Wiederholung jener Unterrichtsentwürfe, die bereits einmal schon wenig erfolgreich durchlaufen wurden. Die Notwendigkeit, die Darstellung, die Problemstellung, die Arbeit mit dem Material oder Ähnliches abzuändern, wird nicht gesehen. Erfolgloser Unterricht wird aber auch durch Wiederholung nicht erfolgreich. Rechenschwache Kinder benötigen Probleme und Hinweise, die es ihnen ermöglichen, in die Zone *ihrer* nächsten Entwicklung vorzustoßen. So besitzen sie (fast immer) Fähigkeiten, die es ihnen erlauben, sich vom zählenden Rechnen fortzubewegen, sie nutzen sie aber nicht. Die Aufgabe in den Förderstunden besteht nun darin, nicht Rechenstrategien zu unterrichten, sondern die vorhandenen Fähigkeiten zu identifizieren und von diesen weitergehend die Kinder selbst neue entwickeln zu lassen. So gelingt es z. B., den Kindern bewusst zu machen, dass sie die Lösung von 7 + 10 wissen. Was ist dann 7 + 9? Beginnen die Kinder wieder mit dem Zählen, dann muss dies unterbunden werden. Die Kinder sollen sich überlegen, ob die Lösung mehr oder weniger ist als 7 + 10, und um wie viel weniger. Die Kinder müssen erleben, direkt erfahren, dass sie selbst das Rechnen schneller und besser beherrschen, als wenn sie zählen. Dieses Erleben der eigenen Kompetenz führt neben einer Ich-Stärkung und Risikobereitschaft zur Ausbildung neuer Strategien. Dies ist so direkt und schnell nur in einer Einzelförderung möglich, auch wenn ähnliche methodische „Tricks" bereits im Unterricht angewendet wurden.

6.4 Mitarbeit der Eltern

Die Beziehung zwischen Eltern und Schule reduziert sich bei rechenschwachen Kindern schnell auf das bekannte Spiel „Wer hat den schwarzen Peter?". Die Eltern werfen der Schule Versagen vor, die Schule erwartet von dem Kind solcher Eltern nicht viel, so dass sich der aktuelle Zustand zu versteinern droht. Hinzu kommt, dass die besorgten Eltern von sich aus Anstrengungen unternehmen, dem Kind die notwendigen Lerninhalte selbst beizubringen oder dies außerschulischen Einrichtungen übertragen. In beiden Fällen erweisen sich die Bemühungen aber oft als erfolglos.

So ist bei den Kindern die Vielfalt didaktischer Erklärungen (morgens die Lehrerin, nachmittags der Großvater, abends die Mutter) kontraproduktiv. Die Verwirrung über die unterschiedlichen Erklärungen ist größer als der seltene Lerngewinn. Sollten Eltern selbst häusliches Üben unterstützen wollen, dann sind entsprechende Prinzipien zu verabreden, die peinlichst eingehalten werden sollten, um den schulischen Fördereffekt nicht zu gefährden:

- Die Eltern dürfen keine didaktischen Erklärungen versuchen, sie müssen sich jeder curricularen Arbeit enthalten.
- Sie werden in bestimmte Übungsformen eingeführt, die sich auf die Automatisierungen (kleines Einspluseins, Einmaleins) beschränken.
- Sie dürfen die Hausaufgaben nicht überwachen, denn diese sind für die Lehrperson diagnostisch wesentliche Informationen; keine Lehrerin möchte wissen, wie gut die Mutter rechnen kann. Die hervorragenden Hausarbeiten verleiten im Gegenteil dazu, im Stoff fortzufahren, obwohl viele Kinder der Klasse nicht auf dem Stand ihrer eigenen Hausaufgaben sind.

Eine erfolgreiche Förderung bei Rechenschwäche ist nur in gutem Klima mit den Eltern und enger Kooperation erreichbar. Die Schule hat hierbei die Expertenrolle und damit auch die Verantwortung.

Natürlich wird man nicht erreichen können, dass sich die Eltern aus der Förderung vollständig heraushalten. Damit sie aber nicht zu weit in die curricularen Inhalte eindringen, werden ihnen Wege eröffnet, das Kind in denjenigen kognitiven Bereichen zu fördern, die unzureichend entwickelt sind. Die Eltern können eingeführt werden in

- Spiele mit arithmetischen Anforderungen.

Hierfür gibt es einen sehr großen Markt, wobei selbst bei gängigen Familienspielen häufig eine rechnerische Komponente enthalten ist. Allerdings besteht leicht die Gefahr, dass das notwendige kindliche Spiel zum Rechentraining missbraucht wird, so dass sich bald eine Ablehnung gegen das gemeinsame, soziale Spiel einstellt. Und dies hat eigentlich doch einen emotional stärkenden Aspekt.

Als günstig hat sich erwiesen, wenn Eltern mit Kindern basale Alltagserfahrungen nachholen. Hierzu gehört

- das Schätzen von
  - Längen,
  - Flächen (schwierig),
  - Volumen (sehr schwierig) und
  - Gewichten.
- Erkunden geometrischer Beziehungen über
  - Schattenspiele,
  - Würfeldrehungen („Was liegt oben, wenn ich den Würfel nach hinten und dann nach links kippe?"),
  - Würfelnetze bauen,
  - Nachmalen von geometrischen Mustern,

– Schattenspiele („Wie gelingt mir eine solche Figur?", „Was passiert, wenn ich die Figur drehe, welchen Schatten wirft sie dann?"),
– mit der Schere aus gefaltetem Papier vorgegebene Figuren schneiden.

Da die Eltern meist aber hierin selbst wenig Erfahrungen besitzen, müssen sie von der Lehrerin angeleitet und mit Ideen versorgt werden. So werden die Eltern in den ihnen zugewiesenen Bereichen zu „Kotherapeuten", eine trotz ihrer Begrenztheit gerne angenommene Rolle.

6.5 Kompetenzerweiterung der Schule

Nicht alle Schulen fühlen sich für das Problem rechenschwacher Kinder hinreichend gerüstet. Es besteht fraglos ein enormer Nachholbedarf an schulinterner und schulexterner Fortbildung. Hier sind die Schulaufsichtsämter in die Pflicht zu nehmen. Trotzdem gelingt es inzwischen einer Reihe von Schulen, selbst initiativ zu werden, ihre Kompetenz zu erhöhen und ein eigenständiges Profil zu entwickeln. Nicht alle Ressourcen scheinen ausgeschöpft.

Die Fachkonferenz

Die Reglementierungen der Schulaufsicht sind in den einzelnen Bundesländern unterschiedlich ausformuliert, aber meist existiert ein breiterer Spielraum, als gemeinhin angenommen und verwirklicht wird. Die Fachkonferenz könnte im Falle eines rechenschwachen Kindes beschließen, vorübergehend die Benotung auszusetzen. Hiermit könnte erreicht werden, dass die emotionale Belastung, die schlechte Noten nun mal mit sich bringen, reduziert wird und in der Förderung und im Unterricht eine entspannte Atmosphäre herrscht. Permanente negative Rückmeldungen wirken motivationshemmend. Hierfür ist es allerdings unerlässlich, dass sich die Fachkonferenz selbst so organisiert, dass die interne Berichterstattung und wechselseitige Beratung über rechenschwache Kinder zur Selbstverständlichkeit wird. Dies würde, so weiß der Autor, durchaus auf Widerstand treffen, denn dadurch verändert sich die Kommunikation im Kollegium. Man muss sich öffnen, Kritik am eigenen Unterricht aushalten bzw. ihn rechtfertigen. Inhaltliche Themen, die auch den eigenen Unterricht betreffen, zu Vergleichen herausfordern und zur Reflexion über die eigene Tätigkeit, werden gerne vermieden. Eine Qualitäts- und Kompetenzsteigerung erscheint aber nur hierüber möglich.

Ein Hinweis: Es soll aber auch nicht übersehen werden, dass der motivationale Schub, den eine Notenaussetzung mit sich bringen soll, häufig weniger stark ausfällt als erhofft. Die Kinder können in der Regel sehr gut einschätzen, wie ihre Fähigkeiten im Vergleich zu den Klassenkameraden sind. Eine Rückmeldung ist nicht notwendig, denn sie erleben selbst schmerzhaft ihre Fehlerhäufung und ihre Langsamkeit.

Schulinterne Lehrerfortbildung

Da der Kenntnisstand zum Thema Rechenschwäche in vielen Kollegien zumindest entwicklungsbedürftig ist, sollten schulinterne Fortbildungen angeboten werden. Sie lassen sich hausintern durchführen, wenn sich Kolleginnen und Kollegen bereit erklären, sich selbst kundig zu machen oder schulexterne Lehrerfortbildungsveranstaltungen zu besuchen und den gewonnenen Informationsgewinn weiterzugeben. In dieser Weise gelingt es, dass sich einzelne Lehrkräfte als

Schulinterne Beraterin für Rechenschwäche

qualifizieren. Ihre Aufgabe ist es,

- innerhalb der Schule jene Kinder zu überprüfen, bei denen (hoffentlich frühzeitig) eine Rechenschwäche vermutet wird,
- für sie einen Förderplan auszuarbeiten,
- die Fortschritte der Förderung zu überwachen,
- sich in Kenntnis zu setzen über am Ort befindliche außerschulische Einrichtungen, die die Förderung unterstützen können, etwa spezialisierte Ärzte (Kinderärzte, Neuropädiater, Kinderpsychiater etc.), Beratungsstellen mit Förderung der Wahrnehmung oder Bewegung,
- eng mit den Schulpsychologen, die für den Schulbezirk zuständig sind, zusammenzuarbeiten. Diese müssen in die Pflicht genommen werden, denn gerade im Bereich isolierter Lernschwierigkeiten sollten sie die Experten sein,
- die am Ort befindlichen Dyskalkulieeinrichtungen, ihre Qualitätsstandards, ihre Ausbildung etc. zu überprüfen,
- und schließlich eng mit den Jugendämtern zusammenzuarbeiten, die im Falle einer außerschulischen Förderung nach § 35a KJHG die Kosten zu übernehmen haben, aber selten Rückmeldung erhalten oder selbst einschätzen können, welche Qualität die fördernden Einrichtungen aufweisen (siehe Kapitel 7).

Es versteht sich von selbst, dass die Qualifizierung keine punktuelle sein kann, sondern durch eine ständige Weiterbildung gestützt wird. Ebenso selbstverständlich ist der mit dem Themenbereich Rechenschwäche betrauten Lehrkraft in Absprache mit der Schulaufsicht eine Reduzierung des Deputats zu gestatten (oder eine Stellenanhebung).

Möglichkeiten im Schulverbund

Inzwischen haben sich Versuche etabliert, die Kompetenzen für das Problem Rechenschwäche zu bündeln. Es erscheint möglich, eine enge Kooperation vorausgesetzt, dass sich eine Schule als Dyskalkuliezentrum formiert, die über geeignet qualifizierte Lehrkräfte verfügt und diese nicht nur schulintern die Beratung, schulinterne Weiterbildung und Förderplanung durchführen, sondern für einen lokalen Schulbezirk verantwortlich zeichnen (meines Wissens wird dies aktuell im Schulamtsbezirk Heilbronn versucht).

Die Schulen bilden einen Schulverbund, in dem die Grundschulen sich zu „Spezialistinnen" für bestimmte Fragestellungen entwickeln und die gewonnene Kompetenz anderen Schulen zur Verfügung stellen. Jede einzelne Schule gewinnt ein eigenes Profil, das im Verbund mit den kooperierenden Schulen die Gesamtqualität steigert. Diese Qualitätssteigerung kommt den rechenschwachen Kindern zugute.

7 Gesetzliche Regelungen bei Rechenschwäche und außerschulische Förderung

Der Boom an außerschulischen Einrichtungen, die sich den Lernproblemen anzunehmen scheinen, ist ungebrochen. Und da die Rechenschwäche an Bedeutung zunimmt, ist gerade auf diesem Gebiet das Angebot steigend, die Anzahl von Instituten wächst. Phantasievolle Namen garantieren aber noch nicht unbedingt eine qualitativ hoch stehende Förderung.

Die Entwicklung hin zu außerschulischer Förderung beruht auf einem Gesetz, das die ambulanten Fördermaßnahmen regelt: der § 35a des Kinder- und Jugendhilfe-Gesetzes (KJHG). Dieser lautet:

> „§ 35a Eingliederungshilfe für seelisch behinderte Kinder und Jugendliche
> (1) Kinder und Jugendliche, die seelisch behindert oder von einer solchen Behinderung bedroht sind, haben Anspruch auf Eingliederungshilfe. Die Hilfe wird nach dem Bedarf im Einzelfall
> 1. in ambulanter Form, […] geleistet."

Nun ist der Begriff der „seelischen Behinderung", der natürlich auch für Erwachsene gilt (und im § 39 auftritt), vielleicht etwas schwammig, weshalb er genauere Fassung erfährt:

> „Seelisch behindert im Sinne des § 39 Absatz 1 Satz 1 des Gesetzes sind Personen, bei denen infolge seelischer Störungen die Fähigkeit zur Eingliederung in die Gesellschaft in erheblichem Umfang beeinträchtigt ist. Seelische Störungen, die eine Behinderung im Sinne des Satzes 1 zur Folge haben können, sind:
> 1. körperlich nicht begrundbare Psychosen
> 2. seelische Störungen als Folge von Krankheiten oder Verletzungen des Gehirns, von Anfallsleiden oder von anderen Krankheiten oder körperlichen Beeinträchtigungen
> 3. Suchtkrankheiten
> 4. Neurosen und Persönlichkeitsstörungen."

Dies trifft aber für die Kinder, die in der Schule eine Rechenschwäche entwickeln, nicht zu. Fallen sie deshalb aus dieser Klassifikation heraus? Mitnichten, denn, so der Kommentar eines renommierten Kinderpsychiaters:

> „Über die obige Begriffsbestimmung hinaus gehören zu den seelischen Behinderungen im Kinds- und Jugendalter auch
>
> – die Entwicklungsstörungen der schulischen Fertigkeiten (Lesen, Rechtschreiben und Rechnen) und auch der Sprache, wenn sie längerfristig die Integration gefährden
> – sowie chronische Störungen, die die psychische Entwicklung und Integration des Kindes oder Jugendlichen gefährden."

Nun muss nicht jedes Kind, das einer Rechenschwächeförderung bedarf, schon seelisch behindert sein, so lange möchte man ja auch nicht warten. Es reicht im Sinne des § 35a KJHG, dass sie „von einer solchen Behinderung bedroht sind". Und für von Behinderung Bedrohte gilt nach gängiger Auffassung, dass es sich um Personen handelt, bei denen der Eintritt einer Behinderung nach allgemeiner ärztlichen oder sonstigen fachlichen Erkenntnis mit hoher Wahrscheinlichkeit zu erwarten ist. Man merkt, dass der schwarze Peter hin- und hergeschoben wird, wenn es darum geht, eine Entscheidung zu treffen. Schließlich, so das Gesetz, geht es um die „Eingliederung" bzw. deren Beeinträchtigung, und diese wiederum bedeutet für Kinder, so eine kinderpsychiatrische Richtung, wenn der Abbruch oder starke Beeinträchtigung der lebensphasentypischen sozialen Beziehung

● in der Familie,
● zu den Freunden,
● und zu den Klassenkameraden droht.

Dies mag eine sehr weite Fassung darstellen, vielleicht zu weit, denn dann könnte eine Nichtversetzung, die ja die „Beeinträchtigung der lebensphasentypischen Beziehung zu den Klassenkameraden" bedeutet, eine seelische Behinderung zur Folge haben. Und wer möchte dies schon riskieren? In gleichem Sinne müsste auch von einem Familienumzug abgeraten werden.

Diese Ausführungen sollen verdeutlichen, dass die Entscheidungsfindung, ob ein Kind an einer Rechenschwäche leidet (und deshalb eine seelische Behinderung droht) und so einer Eingliederungshilfe in Form einer außerschulischen Förderung bedarf, die das Jugendamt bezahlt, außerordentlich schwierig vom Jugendamt oder beteiligten Kinderärzten zu treffen ist. Dass eine seelische Behinderung droht, vermag niemand auszuschließen. Und so tun sich für außerschulische Einrichtungen Pfründe auf.

Nun ist aber bei außerschulischen Einrichtungen immer das Problem der Qualität gegeben. Die Krux besteht darin, dass es eine Ausbildung zum Dyskalkulietherapeuten (noch) nicht gibt, auch wenn dazu in jüngster Zeit Ansätze bestehen und an einigen Universitäten und Fachhochschulen Fort-

und Weiterbildungsangebote bestehen. Der Titel „Dyskalkulietherapeut" ist darüber hinaus nicht geschützt, so dass jeder, ob mit oder ohne Ausbildung, sich so nennen darf. Häufig fehlen Kenntnisse in Mathematikdidaktik oder in Psychologie oder in beiden Bereichen. Allerdings, das soll keineswegs verschwiegen werden, existieren auch Einrichtungen, die hervorragende Arbeit leisten und ein sehr gutes Förderangebot zur Verfügung stellen.

Aber, und das ist hier das Entscheidende: Es ist an der Schule, im Sinne der Kinder diese Einrichtungen zu überprüfen, mehr noch, mit ihnen zu kooperieren und die Lernfortschritte, nicht nur im Rechnen, rückzumelden und weitere Förderschritte gemeinsam zu planen. Auch die Entscheidung, wann eine Therapie als erfolgreich abgeschlossen gilt, kann nur in Übereinstimmung zwischen Einrichtung und Schule getroffen werden.

Allerdings ist nur in seltenen Fällen zur Zeit davon auszugehen, dass der Schule aufgrund von Kooperationen Erfahrungen vorliegen, die ein „Institut für Dyskalkulie" empfehlenswert erscheinen lassen. So stecken die Kollegien noch in einer Zwickmühle. Für eine fundierte Entscheidung ist aus diesem Grund immer die Mitarbeit der Eltern notwendig. Sie müssen in einem ersten Schritt rückmelden, ob

- eine qualitativ hochwertige Eingangsdiagnostik gemacht wurde (es liegen dem Autor Gutachten von Instituten vor, die zwar durch ihren Umfang beeindrucken, allerdings, sieht man vom Namen ab, für die getesteten Kinder sämtlich wortgleich ausfallen),
- die individuellen Besonderheiten des Kindes erfasst sind und nicht nur der bekannterweise defiziente Leistungsstand ermittelt wurde, sondern auch die kognitiven Stärken und Schwächen beschrieben sind (hieran mangelt es häufig),
- ein Förderplan erstellt ist, der die kurz-, mittel- und langfristigen Ziele umfasst,
- die Entscheidung für eine Einzeltherapie gefällt wurde oder eine Gruppenförderung vorgeschlagen wird (die zwar für das Institut finanziell günstiger, für das betroffene Kind aber meist weniger hilfreich ist),
- die Diagnostik, das heißt die verwendeten Testverfahren und die Ergebnisse, und die Förderung transparent sind und der Schule zugänglich gemacht werden können; dies ist zugegebenermaßen für die Institute schwierig, da sie sich gegen die Weiterverwertung ihrer eigenen Tests und mühsam entwickelten Materialien schützen müssen. Eine vertrauensvolle Zusammenarbeit zwischen Schule und außerschulischen Einrichtungen ist aber eine Notwendigkeit, ohne die eine Förderung nicht erfolgreich sein kann.

Es muss wiederholt werden:

■ Die Förderung von Kindern mit Rechenschwäche ist genuine Aufgabe der Schule! ■

Und somit ist die außerschulische Förderung ein (hoffentlich nur) vorübergehendes Phänomen.

So lange aber aufgrund unzureichender Aus- und Fortbildung die Notwendigkeit besteht, außerschulische Einrichtungen in Anspruch zu nehmen, muss ein ständiger Informationsfluss zwischen Schule, Elternhaus, Dyskalkulie-Institut, Jugendamt und Schulpsychologin erfolgen. Gemeinsame Sitzungen und der wechselseitige Besuch bei den Förderbemühungen in Schule und Institut sollten die Regel und nicht die Ausnahme bilden. Zugegeben, dies wird leicht als wechselseitige Kontrolle erlebt. Aber da das gemeinsame Ziel ist, den Schüler auf seinem Lernweg zu begleiten und Lernprozesse zu ermöglichen, müssen die beteiligten Institutionen innig kooperieren.

■ Die gesetzliche Regelung zur Rechenschwäche stiftet lediglich den Rahmen. Ihn mit Leben und Inhalt auszufüllen, ist Angelegenheit aller Beteiligten. ■

Literatur

DEHAENE, S.: Der Zahlensinn – oder warum wir rechnen können. Berlin: Birkhäuser 1999.

GAMPER, H.: Lösungsstrategien und Fehler von rechenschwachen Kindern beim Lösen von Arithmetikaufgaben. Bern: Universität Bern 1983.

GANSER, B.: Rechenstörungen. Diagnose – Förderung – Materialien. Donauwörth: Auer 1995.

GERSTER, H.-D.: Schülerfehler bei schriftlichen Rechenverfahren. Freiburg: Herder 1982.

GERSTER, H.-D.: Lerndefizite als Folge von Lehrdefiziten? – Erfahrungen aus der Analyse von Schülerfehlern bei den schriftlichen Rechenverfahren. In: LORENZ, J. H. (Hrsg.): Lernschwierigkeiten: Forschung und Praxis. Köln: Aulis 1984, S. 56–74.

GRISSEMANN, H.: Dyskalkulie heute. Bern: Huber 1996.

GRISSEMANN, H./WEBER, A.: Grundlagen und Praxis der Dyskalkulietherapie. Bern: Huber 1990.

HENGARTNER, E. (Hrsg.): Mit Kindern lernen. Zug: Klett 1999.

KLEIN, A. S./BEISHUIZEN, M./TREFFERS, A.: Empty number line in Dutch second grades: Realistic versus gradual program design. In: Journal for Research in Mathematics Education, 29/1998, S. 443–464.

KORNMANN, R./SCHÄFFLER, G.: Förderdiagnostik bei einfachen Kopfrechenaufgaben: Ermittlung der Lernbasis durch systematische item-Variationen. In: Heilpädagogische Forschung, 14 (2)/1989, S. 89–96.

KRÜLL, K.-E.: Rechenschwäche – was tun? München: Reinhardt 1994.

LOBECK, A.: Rechenschwäche. Geschichtlicher Rückblick, Theorie und Therapie. Luzern: Schweizerische Zentralstelle für Heilpädagogik 1992.

LÖRCHER, G. A.: Lernhindernisse im Mathematikunterricht der Grundschule. In: LORENZ, J. H. (Hrsg.): Lernschwierigkeiten: Forschung und Praxis. Köln: Aulis 1984, S. 115–130.

LORENZ, J. H.: Teilleistungstörungen. In: LORENZ, J. H. (Hrsg.): Lernschwierigkeiten: Forschung und Praxis. Köln: Aulis 1984, S. 75–94.

LORENZ, J. H.: Lernschwierigkeiten und Einzelfallhilfe. Göttingen: Hogrefe 1987.

LORENZ, J. H.: Lernschwierigkeiten: Forschung und Praxis. Köln: Aulis 1990.

LORENZ, J. H.: Störungen beim Mathematiklernen: Schüler, Stoff und Unterricht. Köln: Aulis 1991.

LORENZ, J. H.: Anschauung und Veranschaulichungsmittel im Mathematikunterricht. Göttingen: Hogrefe 1992.

LORENZ, J. H.: Kinder entdecken die Mathematik. Braunschweig: Westermann 1997.

LORENZ, J. H. (Hrsg.): Mathematikus – Schulwerk für die Klassen 1–4. Braunschweig: Westermann (1997 ff.).

LORENZ, J. H.: Fördermaterialien zum Mathematikus 1–4. Braunschweig: Westermann (im Druck).

LORENZ, J. H./RADATZ, H.: Handbuch des Förderns im Mathematikunterricht. Hannover: Schroedel 1993.

MILZ, I.: Rechenschwäche erkennen und behandeln. Dortmund: borgmann 1993.

NOLTE, M.: Rechenschwäche und gestörte Sprachrezeption. Bad Heilbrunn: Klinkhardt 2000.

PETER-KOOP, A.: Das besondere Kind im Mathematikunterricht der Grundschule. Offenburg: Mildenberger 1998.

RADATZ, H.: Fehleranalysen im Mathematikunterricht. Braunschweig: Vieweg 1983.

RADATZ, H./SCHIPPER, W.: Handbuch des Mathematikunterrichts in der Grundschule. Hannover: Schroedel 1983.

SCHULZ, A.: Lernschwierigkeiten im Mathematikunterricht der Grundschule. Berlin: paetec 1995.

SELTER, CH.: Eigenproduktionen im Arithmetikunterricht der Primarstufe. Wiesbaden: Deutscher Universitäts-Verlag 1994.

SELTER, CH./SPIEGEL, H.: Wie Kinder rechnen. Stuttgart: Klett 1997.

VOIGT, J.: Unterschiedliche Deutungen bildlicher Darstellungen zwischen Lehrerin und Schülern. In: LORENZ, J. H. (Hrsg.): Mathematik und Anschauung. Köln: Aulis 1993, S. 147–166.

WINTER, H.: Sachrechnen in der Grundschule. Frankfurt: Cornelsen 1992.

Fitmacher für Ihren Matheunterricht

Lehrer-Bücherei: Grundschule

Susanne Bobrowski
Reinhard Forthaus
Lernspiele im Mathematikunterricht
• Funktionen von Lernspielen
• Didaktische Ziele und Anregungen
• Spiele für die Klassen 1 bis 4
112 Seiten, Paperback
ISBN 3-589-05045-4

Dieser Band macht deutlich, dass Spiele eine helfende, prozessbegleitende Funktion im Mathematikunterricht einnehmen können. Für jedes Schuljahr werden in vier lernrelevanten Bereichen passende Spiele und Spielideen vorgestellt. Einem ausführlichen Einführungsbeispiel schließt sich jeweils eine Sammlung mit weiteren Spielen an.

Heinrich Winter
Sachrechnen in der Grundschule
• Problematik des Sachrechnens
• Funktionen des Sachrechnens
• Unterrichtsprojekte
88 Seiten, Paperback
ISBN 3-589-05012-8

Was ist Sachrechnen und wozu dient es? Einer einführenden Diskussion folgen praktische Hinweise für die Entwicklung der mathematischen Fähigkeiten im Unterricht. 16 Unterrichtsprojekte werden ausführlich vorgestellt.

Heinrich Winter
Praxishilfe Mathematik
• Didaktik im Überblick
• Kreatives Üben
• Beispiele für die Klassen 1 bis 4
104 Seiten, Paperback
ISBN 3-589-05039-0

Der Band präsentiert Praxishilfen zu allen wichtigen Lernzielen der Grundschulmathematik. Vorgestellt werden abwechslungsreiche und kreative Beispiele, Materialien und Projekte für den Unterricht in den Klassen 1 bis 4. Die Übungen stärken die Argumentationsfähigkeit der Kinder und sind zugleich geeignet, ihre Umwelt zu erschließen.

Fragen Sie bitte
in Ihrer Buchhandlung!

Fitmacher für Ihren Unterricht

Lehrer-Bücherei: Grundschule

Horst Bartnitzky
Reinhold Christiani (Hrsg.)
Berufseinstieg: Grundschule
Leitfaden für Studium
und Vorbereitungsdienst
ca. 352 Seiten, Paperback
ISBN 3-589-05074-8

Almuth Bartl
Minutenspiele
- Spiele und Aufgaben
- Für Ausdauer, Konzentration
  und Gedächtnis
- Einzel-, Paar- und Gruppenspiele
96 Seiten mit Abb., Paperback
ISBN 3-589-05071-3

Manfred Pollert
**Lernen und Leben
im 1. Schuljahr**
- Erfahrungen
- Beispiele
- Anregungen
208 Seiten mit Abb., Paperback
ISBN 3-589-05070-5

Éliane Whitehouse
Warwick Pudney
**Wut: Ein Vulkan in meinem
Bauch**
- Wut und Gewalt
- Übungen und Spiele
- Lösungsstrategien
112 Seiten, Paperback
ISBN 3-589-05068-3

Horst Schaub
Zeit und Geschichte erleben
- Zeit in der Natur
- Umgang mit der Zeit
- Erfahrung des Wandels
112 Seiten, Paperback
ISBN 3-589-05069-1

Barbara Brüning
**Philosophieren in der Grund-
schule**
- Grundlagen
- Methoden
- Anregungen
112 Seiten, Paperback
ISBN 3-589-05066-7

Fragen Sie bitte
in Ihrer Buchhandlung!